中國青銅器全集編輯委員會　編

中國美術分類全集

中國青銅器全集

6

西周 2

《中國青銅器全集》編輯委員會

凡例

一　《中國青銅器全集》共十六卷，主要按時代分地區編排，力求全面展示中國青銅器發展面貌。

二　《中國青銅器全集》編選標準：以考古發掘品爲主，酌收有代表性的傳世品；既要考慮器物本身的藝術價值，又要兼顧不同的器種和出土地區。

三　本書爲《中國青銅器全集》第六卷，選錄西周諸侯方國青銅器精品。

四　本書主要內容分三部分：一爲專論，二爲圖版，三爲圖版説明。

目錄

西周時代諸侯方國青銅器概述……………………王世民

圖版

一　㰛禁　西周早期……………………………… 1
二　𡚸方鼎　西周早期…………………………… 2
三　匽侯旨鼎　西周早期………………………… 3
四　堇鼎　西周早期……………………………… 4
五　獸面紋鼎　西周早期………………………… 5
六　鳳鳥紋鼎　西周中期………………………… 6
七　圉方鼎　西周早期…………………………… 7
八、九　伯矩鬲　西周早期……………………… 8
一〇　圉甗　西周早期…………………………… 10
一一　𤞷簋　西周早期…………………………… 11
一二　圉簋　西周早期…………………………… 12
一三　圉簋　西周早期…………………………… 13
一四　攸簋　西周早期…………………………… 14
一五　伯簋　西周早期…………………………… 15
一六、一七　匽侯盂　西周早期………………… 16
一八　雙鈴俎　西周早期………………………… 18
一九　未爵　西周早期…………………………… 19
二〇　公仲觶　西周早期………………………… 20
二一　克盉　西周早期…………………………… 21
二二　鴨形尊　西周早期………………………… 22
二三　蝸身獸紋罍　西周早期…………………… 23
二四　蟬紋盤　西周早期………………………… 24
二五　蟬紋盤　西周早期………………………… 25
二六　人面形飾　西周早期……………………… 26
二七　獸面形飾　西周早期……………………… 27
二八　康侯丰方鼎　西周早期…………………… 28
二九　衛夫人鬲　西周晚期……………………… 29
三〇　康侯簋　西周早期………………………… 30
三一　渚伯逘壺　西周早期……………………… 31
三二　魚父己卣（附枓）　西周早期…………… 32
三三　弦紋盉　西周早期………………………… 33
三四　邢侯簋　西周早期………………………… 34
三五　邢季𩰫卣　西周中期……………………… 35

三六　成周鼎　西周早期……36
三七　目鼎　西周中期……37
三八　晉侯穌鼎　西周晚期……38
三九　百乳雷紋簋　西周早期……39
四〇　回首龍紋簋　西周早期……40
四一　伯簋　西周中期……41
四二　晉侯昕簋　西周中期……42
四三　叔氏簋　西周晚期……43
四四　菱形紋盂　西周中期……44
四五　晉侯埶盨　西周晚期……45
四六　晉侯埶盨　西周晚期……45
四七　弦紋盉　西周早期……46
四八　橫條紋觶　西周早期……47
四九、五〇　晉侯昕壺　西周中期……48
五一　楊姞壺　西周晚期……50
五二　楊姞方座筒形器　西周晚期……51
五三　兔形尊　西周中期……52
五四　兔形尊　西周中期……53
五五　獸面紋卣　西周早期……54
五六　龍紋卣　西周早期……55
五七　晉侯穌鐘　西周厲王……56
五八—六一　人形足攀龍盒　西周晚期……57
六二　筍侯盤　西周中期……60
六三　筍侯匜　西周中期……61
六四　魯侯熙鬲　西周早期……62
六五　魯宰駟父鬲　西周晚期……63
六六　魯仲齊甗　西周晚期……64
六七　魯伯大父簋　西周晚期……65
六八　魯伯悆盨　西周晚期……66
六九、七〇　侯母壺　西周晚期……67
七一　魯侯尊　西周康王……69
七二　魯司徒仲齊盤　西周晚期……70
七三　魯司徒仲齊匜　西周晚期……71
七四　郳伯鬲　西周晚期……72
七五　百乳龍紋方鼎　西周早期……73
七六　滕侯方鼎　西周早期……74
七七　滕公鬲　西周早期……75
七八　滕侯簋　西周早期……76
七九　不嬰簋　西周晚期……77
八〇　變形獸面紋盤　西周晚期……78
八一　象鼻形足方鼎　西周早期……79
八二　齊仲簋　西周早期……80
八三　齊叔姬盤　西周中期……81
八四、八五　齊侯匜　西周晚期……82
八六　紀侯簋　西周中期……84
八七　紀侯壺　西周晚期……85
八八　㠱仲壺　西周中期……86
八九　啓尊　西周中期……87

九〇 启卣 西周中期……88
九一 筥小子簋 西周中期……89
九二 應監甗 西周早期……90
九三 敔簋 西周中期……91
九四 鴨形盉 西周中期……92
九五 應侯見工鐘 西周中期……93
九六 陳侯簋 西周晚期……94
九七 龍耳簠 西周晚期……95
九八 陳侯壺 西周晚期……96
九九 獸目交連紋簋 西周中期……97
一〇〇 許季姜簋 西周晚期……98
一〇一—一〇三 晨肇宁角 西周早期……99
一〇四 向壺 西周晚期……101
一〇五 呂王鬲 西周晚期……102
一〇六 仲爯父簋 西周晚期……103
一〇七 鄂叔簋 西周早期……104
一〇八 鄂侯弟曆季卣 西周早期……105
一〇九 鄂侯弟曆季尊 西周早期……106
一一〇 曾伯文鑐 西周晚期……107
一一一 楚公逆鐘 西周晚期……108
一一二 楚公冢鐘 西周晚期……109
一一三 北子冉鼎 西周早期……110
一一四 小臣尊 西周早期……111
一一五 小臣卣 西周早期……112
一一六 火龍紋罍 西周早期……113
一一七 虎形尊 西周中期……114
一一八 宜侯夨簋 西周康王……115
一一九、一二〇 公卣 西周中期……116
一二一 芮公鼎 西周晚期……118
一二二、一二三 獸面龍紋大鼎 西周早期……119
一二四 旟鼎 西周早期……121
一二五 師眉鼎 西周中期……122
一二六 㝬叔鼎 西周晚期……123
一二七 獸面紋方座簋 西周早期……124
一二八 蝸身獸紋方座簋 西周早期……125
一二九 六年琱生簋 西周中期……126
一三〇 弭叔師𡩀簋 西周晚期……127
一三一、一三二 康生豆 西周早期……128
一三三 鳳紋壺 西周晚期……130
一三四、一三五 戈五卣 西周早期……131
一三六、一三七 飫卣 西周早期……132
一三八 魚紋雙耳盤 西周晚期……134
一三九 宗仲盤 西周晚期……135
一四〇 虢文公子㪉鼎 西周晚期……136
一四一 虢宣公子白鼎 西周晚期……137
一四二 虢叔盂 西周晚期……138
一四三 虢季子白盤 西周宣王……139
一四四 虢叔旅鐘 西周晚期……140

一四五　虢叔旅鐘　西周晚期……141
一四六　散伯簋　西周晚期……142
一四七　散伯匜　西周晚期……143
一四八　矢王壺　西周早期……144
一四九　鳳紋方鼎　西周早期……145
一五〇、一五一　甲簋　西周早期……146
一五二　魚形尊　西周晚期……148
一五三　鳳紋卣　西周早期……149
一五四　伯方鼎　西周早期……150
一五五　伯䂻方鼎　西周中期……151
一五六　平蓋獸面紋鼎　西周早期……152
一五七　井姬鼎　西周中期……153
一五八—一六〇　𢐗伯簋　西周早期……154
一六一、一六二　獸面紋方座簋　西周早期……156
一六三、一六四　牛首飾四耳簋　西周早期……158
一六五　火龍紋高圈足簋　西周早期……160
一六六　鏤空足鋪　西周中期……161
一六七　𢐗伯鎣　西周中期……162
一六八　𢐗季尊　西周中期……163
一六九　伯各尊　西周早期……164
一七〇　鳥形尊　西周中期……165
一七一　象形尊　西周中期……166
一七二　井姬貘形尊　西周中期……167
一七三、一七四　伯各卣　西周早期……168
一七五　𢐗季卣　西周中期……170
一七六　鳳紋筒形卣　西周早期……171
一七七　火龍獸面紋罍　西周中期……172
一七八　男相人像　西周中期……173
一七九　女相人像　西周中期……174
一八〇、一八一　人獸形軛飾　西周中期……175
一八二　人頭銎鉞　西周早期……177
一八三　丩鼎　西周早期……178
一八四　堇鼎　西周早期……179
一八五　父丁角　西周早期……180
一八六　徙遽𪊨盉　西周早期……181
一八七　火龍紋盉　西周早期……182
一八八　陖伯尊　西周早期……183
一八九　父乙壺　西周早期……184
一九〇　古父己卣　西周早期……185
一九一　父癸壺　西周早期……186
一九二　潶伯卣　西周早期……187
一九三　陖伯卣　西周早期……188
一九四　耳形虎含銎鉞　西周早期……189
一九五　人頭銎戟　西周早期……190
一九六　鏤空蛇紋鞘短劍　西周早期……191
一九七　龍紋禁　西周早期……192
圖版說明
西周諸侯方國青銅器出土地點分布圖

西周時代諸侯方國青銅器概述

王世民

西周初期，武王克商和周公東征之後，爲確立周王朝對廣大被征服地區的統治，曾大規模地分封諸侯。其中，魯、衛、燕、晉等同姓大國，與周室有特殊關係的姜姓齊國，居于舉足輕重的支柱地位。散布各地的衆多小國，既有同姓諸侯，又有异姓諸侯，有些方國還是受到褒封的前代「聖王」之後。

西周時代的諸侯方國青銅器，發現既多，分布亦廣，其中不乏形制和紋飾精美的珍貴品，有些青銅器鑄刻長篇銘文。這些諸侯方國青銅器和王畿地區青銅器，從不同的側面反映了西周青銅藝術的發展水平。由于諸侯方國與周室關係的差別，或因爲時間和空間的推移，諸侯方國青銅器又表現出各自的歷史特點和藝術風格。以下結合本册收錄的青銅器實物，進行簡要的介紹。

一　燕國及其鄰近地區青銅器

燕是西周時期北方的重要封國。《史記。燕世家》稱：「周武王之滅紂，封召公于北燕。」司馬貞《史記索隱》則以爲：「亦以元子就封，而次子留周室代爲召公。」關于周初燕都的地望，文獻記載有幾種不同說法。傳世西周早期青銅器中，有兩件銘文不同的匽侯旨鼎，又有兩件銘文相同的匽侯旅盂，均不詳其出土地點。因此，學者向來認爲，「西周時代燕的都邑所在，不易考訂。」直到七十年代初期，在北京房山區的琉璃河鎮附近發現西周墓地，并出土因受匽侯賞賜所作青銅器，聯想到傳清末出土于蘆溝橋附近的亞盉亦爲受匽侯賞賜而作，繼而又在墓地有更多重要發現的同時，確認墓地附近城址的年代屬西周早期，于是琉璃河遺址爲

琉璃河251號墓青銅器出土情形

周初燕都和燕國墓地所在得到肯定。

琉璃河燕國墓地位于燕都城址的東側，包括相距三百多米的兩個墓區。一九七三至一九七八年在兩個墓區共發掘西周墓葬六十一座，其中出土一定數量隨葬器物、可分期斷代的四十九座，大體兩個墓區各半，多數屬西周早期，中晚期墓較少。一九八一至一九八六年在Ⅱ區發掘西周墓葬二百多座，作過報道的僅有數座。

琉璃河Ⅱ區墓葬包含若干大型墓，根據葬制規格和所出青銅器銘文，被判定爲燕侯及其家族的墓地。一九八六年在墓地西南部發掘的一一九三號墓，是這裏規模最大的西周墓，墓室四角各有一條墓道，爲前所未見的特殊形制。墓內的隨葬器物因被盜掘所剩無幾，現存主要有較多的戈、戟、矛、盾、甲、胄等兵器，以及馬具等物。有的銅戟有「匽侯舞戈」銘文，盾飾銅泡有「匽侯舞昜」銘文，表明其爲燕侯舉行禮儀活動所用舞器。難能可貴的是該墓劫餘尚存三件具周初特徵的青銅容器，其中罍、盉二器銘文的內容相同，記述周王褒揚太保、册封匽侯、授民授疆土的重要史實。學者公認作器者（即墓主）是第一代燕侯，但因對銘文中「令克侯于匽」句的理解不同而存在較大分歧，有的主張「克」爲受封者人名，是太保（召公奭）元子；有的主張「克」爲助動詞，受封者是召公奭本人①。與一一九三號墓鄰近的二〇二號、一〇四六號兩墓，葬制規格稍低，分別有兩條和一條墓道，均因盜掘而洗劫一空，無法了解其隨葬器物情況。Ⅱ區隨葬器物稍多的中型墓葬，如二五一號、二五三號兩墓，墓主應爲與匽侯關係密切的親屬，都是六件不同形制的鼎，加鬲、簋（二件或四件），再加甗、爵、觶、尊、卣、盤、盉等器（每種一件，或不止一件）。其中，二五三號墓一件鼎的銘文記載，「匽侯令堇饎（飴）太保于宗周」，「太保賞堇貝」；甗和卣的銘文記載，「王𠦪于成周，王易（錫）圉貝」；方鼎銘文則有「匽侯易（錫）圉貝」。二五一號墓一件鬲的銘文中，器主伯矩也受到匽侯賞賜（「易貝」）。伯矩之器，傳世品中已有多件，該墓所出除伯矩鬲外，還有伯矩盤。

琉璃河Ⅰ區墓葬，被認爲是受封于燕侯的殷遺民墓地。所見均爲中小型墓，半數以上墓的棺下有殉狗腰坑，與殷代葬制一致。其隨葬器物組合爲鼎、鬲、爵、觶、尊（或無鼎、鬲，有

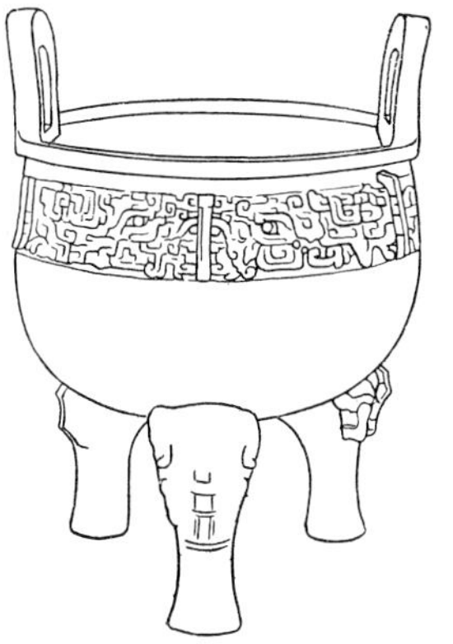

喀左咕嚕洞出土西周青銅鼎

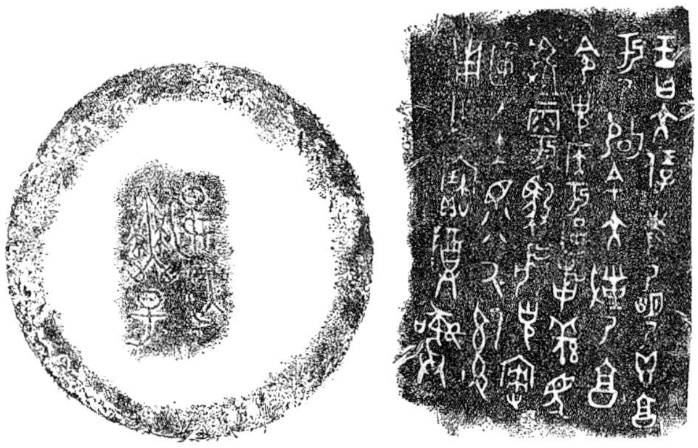

琉璃河1193號墓出土克罍及銅泡銘文

簋），有的墓僅有鼎、簋（或加鬲、加盤），有的墓又出土戈、戟、矛、盾、短劍等兵器。五二號墓出土的尊、鼎二器，銘文都記載作器者復受到匽侯賞賜（尊銘錫「冂（冕）衣」，鼎銘錫「貝」），但其末尾均有殷代青銅器常見的族氏符號「㠱」。五三號墓所出簋，作器者攸也受到燕侯的賞賜。看來I區墓葬的墓主，深受燕侯恩寵。

上述琉璃河燕國墓地出土的西周早期青銅器，與王畿地區相比，無論器物組合形式，還是形制紋飾風格，均無二致。所出食器主要是鼎、簋組合，酒器主要是爵、觶組合和尊、卣組合（未出土殷代墓常見的觚），又有水器盤、盉組合。有些青銅器的形制和紋飾，很有特色。二五一號墓出土的伯矩鬲，通體紋飾由七個突起的翹角牛頭組成，蓋面和鈕均爲兩牛頭相背，器身三袋足亦作牛頭形，是一件不可多得的珍品。牛頭形紋飾，又見于與伯矩鬲同出一墓的戈父甲甗，二五三號墓出土的父丙鼎和圉甗。較爲突出的還有象紋。二五三號墓一鬲，袋足作成象首狀，象鼻着地，兩側各有一隻象眼。二〇九號墓的伯作乙公簋，蓋和腹兩側均飾相對的象紋，類似的象紋見于洛陽出土的臣辰尊、卣，象鼻形四足又與鼎簋近似。五三號墓的攸簋，蓋、腹兩側均飾帶翎的鳳紋，與邢季𩰫卣、郭伯𣪕簋相同，立虎形三足則甚罕見。二五三號墓的圉方鼎，器身作圓角長方形，附耳，有可却置的淺盤狀蓋，形制與扶風白家村西周墓所出鼎接近。凡此說明燕國青銅器與中原地區比較，同一性占主導地位。

早期燕都鄰近的地區，也有幾起西周墓葬的發掘和西周青銅器的出土。一九八二年北京順義牛欄山附近發現的一座周初墓葬，出土青銅器有鼎、尊、卣、觶各一件，觚、爵各二件，有的青銅器銘文中也有見于殷代的族氏符號「亞㠱矣」。這種符號曾見于前述傳蘆溝橋出土的亞盉和琉璃河二五三號墓一鼎，被認爲是歸屬于燕的殷遺之器。一九八七年薊縣張家園發掘的三座周初墓葬，其中兩墓爲鼎、簋組合，一墓僅出一鼎，均爲商末周初的中原風格，但同出的金耳環屬燕山地區土著文化。土著文化因素更明顯的，還是一九七五年在北京昌平白浮發掘的兩座西周早中期墓葬，出土青銅器既有中原系統的鼎、簋、壺等禮器和戈、戟等兵器，又有北方青銅文化的獸首短劍、帶鈴匕首、有銎斧、胄等器。

遼寧西部喀左縣境的大凌河兩岸，歷年出土不少西周青銅器，與燕國有十分密切的關係。

早在四十年代初，縣城西洞上村咕嚕溝，就曾出土一件西周早期的較大銅鼎，形制紋飾與大盂鼎相近。一九五五年，縣城南海島營子村馬廠溝發現的青銅器窖藏，出土匽侯饎盂和其他十多件西周早期青銅器，形制紋飾也與中原風格大體一致。有的器物較爲特殊，例如鼎的形制與西周中期的七年趞曹鼎相似，侈口淺腹，附耳三足，但口沿下所飾長尾對鳥紋爲早期特徵。鴨形尊造型寫實，尤爲難得。七十年代，又在馬廠溝東北的北洞村、山灣子，以及小波汰溝，先後發現四處青銅器窖藏，除北洞村兩處窖藏的某些器物可早至殷代外，其他均屬典型的西周早期遺物，例如北洞罍所飾蝸身獸紋即見于周初的大豐簋等器。北洞方鼎有殷代青銅器常見的族氏符號「亞㠱矦」，山灣子甗有伯矩作器銘文，二者均與琉璃河燕國墓地銅器一致。小波汰溝所出圉簋的銘文，更與琉璃河二五三號墓出土的圉甗、圉卣相同。

內蒙古自治區東部寧城縣的南山根、小黑石溝二地，曾在應屬山戎的夏家店上層文化石槨墓中，發現中原文化系統的青銅禮器，已見《中國青銅器全集》第十五卷北方民族部分。由于這類青銅器的絕大多數沒有銘文，無法判斷其究竟來自鄰近的燕國還是其他地方。小黑石溝出土的一件西周晚期方座簋，形制紋飾與周原出土的周厲王器㝬簋相似，作器者爲許國的季姜，不知通過怎樣的途徑傳至塞北。

二　衛國、邢國及其附近地區的青銅器

衛國是周武王弟康叔封的封地。這一地區，原係商王朝的政治中心，當時處于十分重要的地位。一九三二年春季，在衛國都邑朝歌（今河南淇縣）以東不遠的濬縣辛村（現屬鶴壁市），盜掘出土一批西周早期青銅器，引起考古學家對該地的注意。隨即于一九三二、一九三三兩年連續進行四次考古發掘，共發掘墓葬六十八座、車馬坑二座、馬坑十二座，判定其爲衛國貴族墓地。

辛村發掘的衛國貴族墓中，有八座帶墓道的大型墓，分屬六組（其中兩組爲夫婦幷穴合葬，另四組各發掘一座）。這些大墓的隨葬器物，因盜掘被洗劫殆盡，殘存的青銅器主要是相

辛村衛國墓地出土青銅兵器

邶國青銅器:北子方鼎、北伯卣

當數量的兵器（戈、矛、戟等）、工具（斧、鑿、削等）和車馬器，有的戈、戟鑄「矦」、「成周」等銘文，有的盾飾鑄「衛自易」銘文。由于這是第一次進行西周墓葬的發掘，如此發現仍感彌足珍貴。

盜掘出土的青銅器中，最重要的是一件康侯簋。該器的形制紋飾，上承殷制，簋身侈口兩耳、頸部和圈足飾火紋、四瓣目紋及獸首，腹部飾直條紋，與傳安陽出土的大理石簋相似；兩耳垂長珥，且獸角聳立，則爲周初風格，見于大保簋等器。銘文述及「王來伐商邑，延（誕）令康侯圖（鄙）于衛」，與《史記·衛康叔世家》所載周公以成王命平定武庚叛亂後「封康叔爲衛君居河淇間故商墟」相合。因而學者公認其爲成王時器。康侯簋銘文的末尾，署族氏符號「[illegible]」。據統計，同組器物有：作器者同爲「涾伯逘」的鼎二件、甗一件、尊一件、卣（壺）二件，作器者但稱「逘」的鼎、觶、盤、盉各一件及爵三件。有學者推測，這些青銅器出自辛村墓地西北部的二一號墓②，器物組合大體符合西周早期形式。傳世又有「康侯」銘的方鼎、鬲、爵、觶、罍和矛、刀、斧等器，相傳大多也出自辛村墓地。考古報告《濬縣辛村》一書，收錄一件衛夫人鬲的銘文摹本，傳出自墓地東北部的五號墓，但其圖像失載。南京市博物館所藏同銘鬲，形制與仲枏父鬲相似，年代應屬西周中期或稍晚。五號墓殘存車器的紋飾，也是這個時期風格。如此則辛村墓地的年代爲西周早期至中晚期，大型墓的墓主應是衛國國君及其夫人。

辛村墓地的六十座中小型墓，有的出土青銅容器。例如，六○號墓出土鼎、甗、簋、尊、卣、爵各一件，二九號墓出土鼎、甗各一件和簋二件，七六號墓出土鼎、簋各一件。這些青銅器的形制紋飾，多具商末周初的一般特點，有的可能就是殷人之器。但有些器物的形制，如鼎垂腹、簋耳有珥、卣蓋兩端呈犄角狀，則爲西周早期偏晚階段風格。一九八四年，辛村曾出土尊、觶等青銅器，可能屬同一墓地的中型墓。

與辛村相距一公里的鶴壁龐村，一九六一年清理一座西周墓。墓葬規模和器物形制，均與辛村六○號墓相仿。出土青銅器有鼎、簋、爵各三件，鬲、甗、觶、尊、卣、盉各一件，以及兵器、車馬器等，墓主也應是同時期的衛國高級貴族。

邢國青銅器:麥方鼎

衛康叔受封以前，殷地原有邶國，爲商紂王子武庚作亂前封地。傳世有北子方鼎、觶、尊、盤和北伯鼎、鬲、卣諸器，學者公認其爲周初邶國之器，武成間殷遺的鑄作。北子之器的出土地不詳。北伯之器係清末出土于河北淶水縣張家窪，屬于後來的燕地。現存北子方鼎、北伯卣二器，鼎口作橢方形，卣蓋兩端呈犄角狀，均爲周初特徵；其帶狀紋飾却都在主紋的上下緣夾以聯珠紋，與武王時器保尊、保卣一致。

與衛國鄰近的邢國，是周公之子封地，在今河北邢台一帶。據《太平寰宇記》卷五十九記載，早在北齊武平初年，邢台地區即曾出土五件銘文載有「邢侯夫人姜氏」之名的銅鼎。近年在邢台舊城西北部發現大型西周遺址和中小型墓葬，在葛家莊北發現西周春秋時期的邢侯墓地，已發掘的上百座墓葬多數屬西周時期。其中七三號墓出土的一件雙耳簋，器身部分與衛國青銅器康侯簋相似，頸部飾火紋、四瓣目紋和獸首，腹部飾直條紋，但兩耳垂珥較小，且無翹起的獸角。

傳世品中有幾件邢國之器。邢侯簋，四耳垂腹，所飾象紋與洛陽出土的臣辰尊、卣二器及琉璃河二〇九號墓所出伯作乙公簋一致；銘文內容有「𧃽井（邢）侯服，易（錫）臣三品：州人、重人、庸人」等語，事關邢侯受封史實。麥方鼎、方尊、方彝、方盉等器，銘文都提及井（邢）侯與屬吏麥的關係。其中麥方鼎的形制特殊，鼎口橢方形，附耳，四足作彎曲的馬腿狀。有一件附耳銅盤，銘文爲「征作周公尊彝」，作器者「征」與麥方鼎中邢侯之名一致，盤身和圈足所飾橫向蟬紋則與喀左馬廠溝盤相同（該盤無耳）。又有邢季㚖卣，蓋、腹兩側飾帶翎的鳳紋，與琉璃河五三號墓所出攸簋一致。

一九七八年河北元氏縣西張村一座西周墓出土的青銅器，與邢侯有十分密切的關係，年代上限在成康之際，下限約當穆王時期。其中，青銅容器有鼎、簋、甗、尊、盤、盉各一件，卣、爵各二件，另有兵器、車馬器等。簋的形制紋飾與邢侯簋基本一致，銘文記載作器者臣諫奉邢侯之命，率領亞旅禦戎，出居于軝。尊和卣的形制均垂腹較甚，紋飾爲帶狀的回顧式花冠龍紋，銘文內容則完全相同，據考證作器者叔趞父與臣諫同屬一人。甗、盤、盉三器，製作粗糙，應是明器。叔趞父尊、卣銘文提到「用饗乃辟軝侯」，「軝侯」爲軝國之君，不見于文獻記載，是否姬姓無從獲知。學者認爲，這裏是一處軧國墓地，該墓墓主應爲軧侯之臣。

又有一件己簋，作器者爲「邢姜太宰」，即嫁至邢國的姜姓夫人家臣，年代屬西周晚期。該器出土于內蒙古哲里木盟扎魯特旗的霍林河畔，係當地牧民偶然撿獲，未發現其他器物共存，當時如何輾轉流傳戎地無從查考。

三　晉國青銅器

晉國始封之君唐叔虞，是周武王子、成王弟。唐叔虞子燮，改國號爲晉。晉國早期都城，即所謂「故絳」的地望，長期存在异說。考古學家爲探尋早期晉都，在晉南地區多方開展調查發掘，尤其對翼城、曲沃兩縣交界處的天馬—曲村遺址進行重點考察。通過十多年的艱苦工作，獲知：該遺址的範圍較大，總面積達十平方公里以上，是目前所知僅次于周都豐鎬的大型西周遺址；遺址的年代與晉國相終始，而以西周中晚期至春秋早期爲盛。特別是在北趙村附近發現埋藏豐富的晉侯墓地，出土許多帶有晉侯銘文的青銅容器，從而確切無疑地證實當地即是早期晉都所在。這是近年西周考古的一次突破性的重大發現。

北趙晉侯墓地是一九九二至一九九四年進行大規模發掘的。在此以前，這處原本完整的西周諸侯墓地竟遭盜掘，大批珍貴文物流失海外，造成無法挽回的嚴重損失。上海博物館想方設法進行搶救，使相當一部分精品重返祖國大陸。三年間在墓地發掘清理的大墓共有八組十七座，其中七座慘遭洗劫，十座保存尚好。經發掘者排比分析，認爲它們是世次相接的八代晉君及其夫人的陵墓，年代大體相當于西周中期的穆王前後至兩周之際。大墓的墓葬形制，第一至六組均爲相同的兩墓并列，墓室南端都有墓道；第七和第八組則各有一墓的墓室兩端有墓道，而夫人墓仍是一條墓道或沒有墓道。這表明歷代晉君的葬制規格，隨時間的早晚發生變化。

關于八組大墓之間的相對年代，學者意見較爲肯定。但對各組大墓中的晉君墓，如何與《史記·晉世家》所載晉侯世系對應，則彼此存在明顯的分歧。有幾位學者僅對個別名號進行考證[3]，全面排比的有三種不同意見[4]。現將各組大墓出土青銅器所見晉侯名號情況，學者推斷墓主的主要意見，列表如下：

組　別	墓　號	出土銅器所見晉侯名號	推斷意見一	推斷意見二	推斷意見三
第一組	M9(君)		武侯寧族	晉侯燮	武侯寧族
	M13(夫人)				
第二組	M6(君)		成侯服人	武侯寧族	成侯服人
	M7(夫人)				
第三組	M33(君)	晉侯僰馬	厲侯福	成侯服人	厲侯福
	M32(夫人)				
第四組	M91(君)	晉侯僰馬、晉侯喜父	靖侯宜臼	厲侯福	靖侯宜臼
	M92(夫人)	晉侯僰馬、晉侯喜父、晉侯對			
第五組	M1(君)		釐侯司徒	靖侯宜臼	釐侯司徒
	M2(夫人)	晉侯對			
第六組	M8(君)	晉侯穌、晉侯昕	獻侯籍(蘇)	釐侯司徒	獻侯籍(蘇)
	M31(夫人)				
第七組	M64(君)	晉侯邦父、晉叔家父	穆侯費王	獻侯籍(蘇)	穆侯費王
	M62(夫人)				
	M63(夫人)				
第八組	M93(君)	晉叔家父	殤叔	穆侯費王	文侯仇
	M102(夫人)				

幾種意見都有相當的理由，有的論證較詳，有的未作申述，目前尚難取得一致。

八組大墓隨葬青銅器的組合形式，大體是各代晉侯墓的器類和件數較多、并有編鐘，而其夫人墓則器類和件數稍少、沒有編鐘。情況較明確的第四、六、七、八等四組，其夫人墓所出青銅容器，主要是鼎、簋（盨）、壺和盤、匜，鼎多爲三件；晉侯墓除這五種器物外，都有甗和編鐘，有的有鬲、簠等器。第四組的晉侯墓（九一號墓）有鼎七件，其他三組的晉侯墓有鼎五件。第六、八兩組的晉侯有編鐘十六件，其他兩組爲七件和八件。年代最晚的第八組二墓，所出除成套實用器外，又有多種明器。

北趙晉侯墓地西北的大片中小貴族和平民墓地，在八十年代即已進行發掘，共計發掘六百多座墓和五座車馬坑，詳細情況尚未發表報告。據簡要介紹，其一類墓，隨葬三鼎二簋，配以鬲、甗、尊、卣、爵、觶等，另有成套兵器和車馬器；二類墓，隨葬二鼎二簋，配以鬲、甗或尊、卣、爵、觶，或盤、匜等，也有成套兵器和車馬器；三類墓，隨葬一鼎一簋或僅一鼎，另有若干兵器和陶器，少有車馬器。所出各類青銅器，見于發表的僅有二十餘件，難以反映其全貌。可以肯定的是，這一大批晉墓的年代，跨整個西周時期。

上述晉侯墓地及其附近的中小貴族墓葬，葬制整體特徵和器物組合形式，均與西安、洛陽王畿地區發現的西周春秋貴族墓葬基本相同。器物的形制紋飾也大體一致，但有個別獨具特徵的情況。例如，八號墓的晉侯穌鼎和六二號、九三號兩墓所出鼎，均爲半球形鼎身，兩附耳與口沿間有橫梁相連；六四號墓簋和六三號墓楊姞壺，腹飾都是在通常單獨出現的橫條紋間，加飾其他花紋（簋加獸目交連紋，壺加獸目交連紋和橫向鱗紋）。再如，三一號墓的扁圓形盉，整體器形和鳥首狀蓋與扶風齊家村等處窖藏所出相近，但其足部形狀特殊，由兩個半蹲的裸人背負器身；半蹲裸人形器足，又見于六四號墓出土的筒形器和方盒。又如，六四號墓簋，束頸，附耳，蓋、腹和方座均滿飾直條紋；九一號墓鬲，束頸，附耳，鼓腹，滿飾獸面紋；九二號墓晉侯[illegible]馬壺，器身圓形，垂腹，飾縱橫寬帶紋（方壺多如是，圓壺罕見）；六二一〇號墓鬲，短頸，素面，有流和鋬；六二一四號墓新邑觶，腹部飾三條凸起的橫條紋；七一一三號墓簋，腹部和蓋所飾簡化獸面紋，酷似鑄成後加刻，等等。凡此都值得注意。至于八號墓出土的

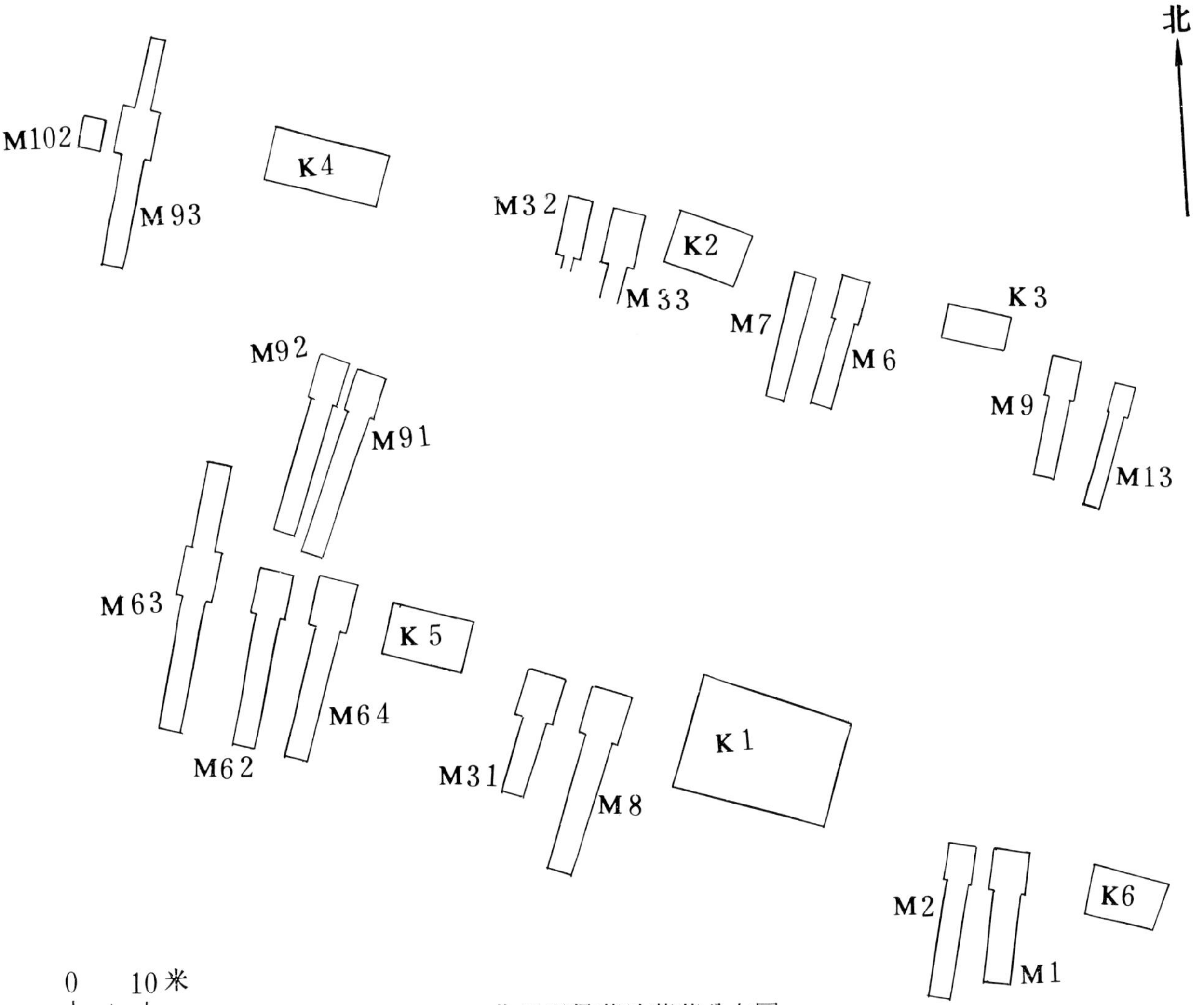

北趙晉侯墓地墓葬分布圖

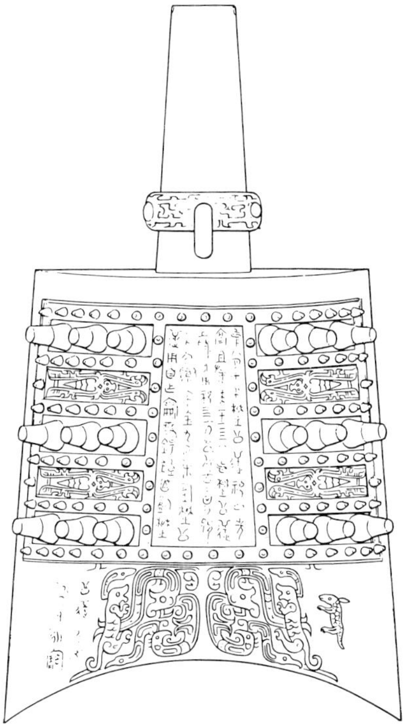
64號墓青銅器:楚公逆鐘

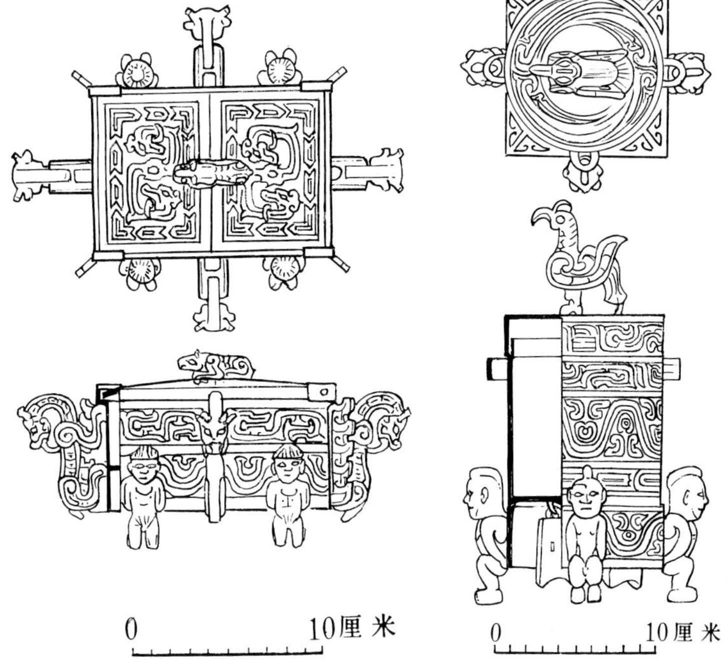

北趙晉侯墓地63號墓青銅器:楊姞方座筒形器、人形足攀龍盒

三件兔形尊，造型甚爲生動，更有較高的藝術價值。六四號墓出土楚公逆鐘一套八件，將晉楚兩個大國之間交往的時間，由春秋早中期之際提早到西周晚期，具有重要的歷史價值。

晉都周圍的廣大地區，從五六十年代開始，洪洞永凝東堡和坊堆村，翼城鳳家坡和長子晉義村等地，曾先後出土西周早期青銅器，其中某些器物有銘文。一九八〇年在永凝東堡發掘的幾座西周墓，早期和晚期的均有，出土鼎、簋、鬲、甗、壺，以及兵器、車馬器等，墓主具相當身份。據考證，洪洞本漢之楊縣，西周末被封爲姬姓楊國，前述晉侯墓地六三號所出楊姞壺表明當地與姞姓的關係，洪洞的發現應是楊國遺存。七八十年代在聞喜上郭村發掘的一批西周至春秋時期墓葬，也出土一些青銅器。所出筍侯匜與長安張家坡出土的筍侯盤相關，同屬地處晉南的姬姓筍國。聞喜西周墓出土的异形青銅器，首推「刖人守囿」六輪挽車，製作精巧，諸多部位尚能轉動；另一小型方盒，形制與晉侯墓地六四號墓所出近似。芮城柴村出土的青銅器，有叔伐父鼎、叔向父簋，年代屬西周中晚期，被認爲屬于未被晉滅時的魏國。

四　魯、齊及東土其他諸國青銅器

魯國的都城在今山東曲阜，即所謂「少昊之墟」。其始封之君魯公伯禽，係周公旦長子。魯公伯禽的廣大封土，原是曾隨武庚叛周的奄國，對于鞏固周朝在東方的統治至關重要。而爲了褒揚周公之德，魯國又得用天子禮樂，享有特殊的政治地位。傳世西周早期青銅器中，有銘文相同的禽鼎、禽簋，又有大祝禽鼎。一般認爲：禽鼎和禽簋銘文所載「王伐埜侯」，即文獻記載中的周公征伐商蓋、商奄，亦即成王踐奄事。其作器者「禽」，應即魯公伯禽。至于「大祝」，或是伯禽被封爲魯侯以後所任王官。有的學者贊同「王伐埜侯」即成王踐奄事，但力主禽與伯禽并非一人。這三件青銅器的形制和紋飾，均屬周初習見風格。

銘文載明作器者爲魯侯又有圖像可尋的西周早期青銅器，有魯侯尊、魯侯爵和魯侯熙鬲，年代屬成王或康王之世。魯侯尊的形制獨特，僅此一見，因其銘文提到「明公」，器形與簋有相似之處，曾被命名爲「明公簋」。該器的外表光素無紋，上部圓形，敞口呈喇叭狀，中腰微

魯國青銅器:禽簋、大祝禽鼎、魯侯爵

鼓，底部方形并與方座相連，兩側飾獸首雙耳和下垂雙翼。魯侯爵，前流後尾與習見爵形無异，惟上部無柱與角形相似。魯侯熙鬲，作器者應爲伯禽子、考公酋弟煬公熙，即第三代魯侯。該鬲爲周初常見的立耳深腹形，分襠形式與同時期的分襠鼎相近，器身滿飾之獸面紋則有變化，眉目與鼻之間豎立一條平凹帶。

地處今曲阜市區的魯國都城遺址，橫跨舊曲阜縣城及其東、北兩側，平面呈不規則長方形，面積約十平方公里。經過一九七七至一九七八年的勘察，肯定城垣範圍至遲形成于西周晚期，并且在城內西部和北部發現西周前期遺蹟，證實魯自始封即建都于此。魯國國君的陵墓，迄今尚未發現。城內西北部望父台的一處墓地，作過發掘的五十多座墓中，隨葬青銅器的十來座墓多屬西周中晚期，個別墓的年代稍晚。四八號墓和三〇號墓出土青銅器較多，既有一定數量的容器，又有車馬器和銅戈，但沒有樂器。四八號墓所出三件鼎、兩件盨，以及甗和盤、匜各一件，都有「魯司徒仲齊」或「魯仲齊」作器銘文；簠和壺各一件，作器者分別屬于「侯母」等二人；又有明器簋、盤、匜各一件。三〇號墓所出鼎、盨、壺、盤、匜各一件，僅盨有「魯伯悆」作器銘文。「魯伯悆」與「魯仲齊」爲兄弟行，後者位居上大夫，二人同屬魯侯宗室成員應無可疑。另有四九號墓出土鼎、簋、盤、匜各一件，以及一件明器簋，但沒有車馬器和銅戈。一九八二年泰安城前村的一座西周晚期墓，所出青銅容器有鼎、簠各二件，壺一件，鼎和簠的銘文基本一致，係魯侯爲「姬翏」所作媵器。

傳世品中還有一些出土地不明的魯國有銘青銅器，除一件西周中期的魯侯盉蓋外，其餘多爲西周晚期魯國大夫嫁女的媵器，大都有器形可尋。例如，魯伯大父簋現存三件，作器對象分別爲「孟姬姜」、「仲姬俞」、「季姬嬙（嬉）」三女，魯伯厚父盤，也是爲「仲姬俞」所作媵器。再如魯太宰邍（原）父簋的作器對象爲「季姬牙」，同主之器又有魯邍（原）鐘。另外，還有魯司徒伯吳盨、魯士商䖒簋、魯士哹父簠等器。

一九六九年，鄒縣縣城東北七家峪的一處西周墓地，先後出土鼎、鬲、簠、鑐、盤、匜等青銅器，共計二十三件。幾件有銘文的青銅器中，一件鬲和一件盤的器主與作器對象一致，係「魯宰駟父」（伯駟父）爲「姬雒」（姬淪）所作媵器。作爲魯國附庸的曹姓邾國，故城在今

不𡢁簋蓋

鄒城東南，與七家峪墓地遙遙相望，該墓地是否屬于郳國，根據現有青銅器銘文尚難判定。傳世品中郳國有銘青銅器，早至西周晚期的有郳伯鬲和郳友父鬲，均不詳其出土地點。魯國另一附庸妊姓邿國，過去少有西周時期的有銘青銅器傳世。一九九五年，山東長清縣仙人台發現一處邿國貴族墓地，作過發掘的六座墓多屬西周晚期至春秋早期，出土上百件青銅容器和樂器，以及兵器、車馬器等，其中幾件銅器分別有「邿公」、「邿子」等人作器銘文，爲研究邿國歷史文化提供了豐富的實物資料。

曲阜、鄒縣以南的滕州，是文王庶子錯叔繡的封地。一九七八年，滕州西南滕國故城以西的莊里西村，出土銘文載有「滕公」稱號的銅鬲及兩件銅簋。一九八二年，在該地發掘的一座中型墓，又出土方鼎、扁足鼎及鬲、簋、壺等青銅容器，其中方鼎和簋有滕侯作器銘文。這是滕國銅器前所未有的明確出土，年代均屬西周早期。傳世又有出土地不明的滕侯穌盨蓋和滕虎簋，則爲西周中期之器。一九八〇年，還在滕州東北的後荆溝清理一座西周晚期殘墓，出土鼎、鬲、簋、簠、罐各二件，盤和匜各一件。其中一件簋的簋身有長篇銘文（簋蓋無銘），內容與傳世不𡢁簋蓋完全相同。一般認爲，不𡢁簋銘所記與虢季子白盤銘爲同一次伐玁狁戰爭的延續，器主不𡢁接受白氏（即虢季子白）的戰鬥命令和厚重賞賜，顯然是白氏的部屬。滕州該墓的墓主是否滕國貴族，享有此簋的原因爲何，有待于進一步探討。

西周時期的齊國文化遺存發現較少。《史記·齊太公世家》記載，周初武王「封師尚父于齊營丘」，至夷王時「胡公徙都薄姑」，後獻公又「徙薄姑都，治臨菑」。地處今山東淄博市臨淄區的齊國故城，據勘察其城垣的始建年代應在春秋以前，至于究竟早到西周的什麼時候，當時的範圍如何，現仍未能確定。周初的營丘是否在此，更需要繼續探查。齊國故城東北部的河崖頭一帶，是廣闊的西周春秋時期高級貴族墓地，曾發現被視爲齊景公陵的石槨大墓，并部分揭露附葬其周圍的大型殉馬坑。一九六五年，該墓地曾出土盂、簋、鐘等西周晚期青銅器。其中，銅盂的口徑爲六十二厘米，高四十三點五厘米，形制和紋飾與長安新旺村所出𨘋盂相似，是目前所知體積最大的西周銅盂，雖未發現銘文，器主身份之高亦可想見。傳世未詳出土地的齊侯匜，係一代齊君爲其夫人虢孟姬良女所作用器，也是同類器中最大的一件。凡此突出

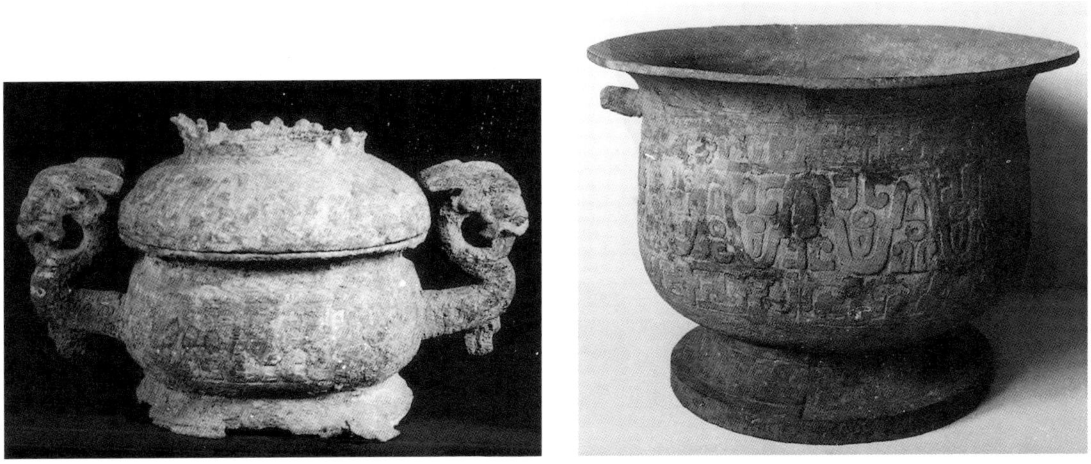

臨淄河崖頭齊國墓地出土西周青銅器:波曲紋盂、龍耳簋

地反映姜齊作爲西周時期東方大國，在政治經濟等方面所處優越地位。招遠出土的一件齊仲簋，是目前所知年代最早的齊國青銅器，屬西周早期。臨淄以西將近一百公里的濟陽縣劉台子村，曾接連發現西周早期墓葬，隨葬青銅容器的組合爲鼎、簋，或又有鬲、觶，其中一件象鼻形足方鼎，造型奇特，堪稱精品。

原本處于齊國以東、鄰近大海的紀國，春秋初期（公元前六九〇年）即被齊伐滅。西周青銅器銘文中，稱紀爲「己」或「㠱」。清代乾隆年間，山東壽光縣南三十里紀國故城的紀王台下，曾出土己侯鐘。傳世又有己侯簋、己侯貉子簋蓋和㠱仲壺等器。兩件簋的銘文證實，紀國之君亦爲姜姓。㠱仲壺自名「歆𣪘」（飲壺），係小型容酒器，其形體截面作橢方形，蓋、器均飾變形卷龍紋和蛇紋，器口又飾鳥紋，製作甚爲精緻。一九六九年，煙台上夼村東的一座西周晚期墓，所出兩件鼎的作器者分別爲「㠱侯弟」和「己華父」，同出器物又有壺和匜。一九七四年，萊陽前河前村的一座西周晚期墓，出土鼎、壺各二件，甗和盤、匜各一件，其中一件壺銘爲「己侯作鑄壺，使小臣以汲，永寶用」，表明該墓墓主或即爲紀侯汲水的小臣。萊陽二壺頗具特色，有銘者與曲阜望父台四八號墓所出侯母壺相近，器作瓠形，小口，深腹，四環耳兩在頸側、兩在下腹；無銘者與煙台上夼所出壺一致，小口，直頸，圓鼓腹，肩有雙耳，腹飾填以豎條的三角紋。與煙台、萊陽呈鼎立之勢的黃縣，一九五一年在其東南歸城附近的南埠村出土一批青銅器，其中四盨爲「㠱伯𡨦父」自作用器，盤、匜各一是其爲「姜無」所作媵器，鼎、甗（僅存鬲部）各一無銘，至于所屬年代則有春秋早期和西周晚期兩種看法⑤。六十年代以來又在歸城內外的小劉莊、姜家曹家村、和平村等地，先後發現西周不同時期青銅器。小劉莊所出啓尊、啓卣二器，銘文涉及周王「出獸（狩）南土」事，當地原爲萊夷之地，後應隸屬于紀。西周中期的筥小子簋，屬于周初始封嬴姓莒國，故地也與紀爲鄰。

五　南土諸侯的青銅器

關于西周時期的南土諸侯，《國語・鄭語》記載幽王年間太史史伯對時任司徒的鄭桓公說

應國青銅器:應公方鼎、應公觶

己侯鐘

過，「當成周者，南有荆蠻、申、呂、應、鄧、陳、蔡、隨、唐。」這裏先介紹應、蔡兩個同姓諸侯的青銅器。

應國和晋國一樣，其始封之君亦爲「武之穆也」，即成王弟，曾享較高尊位。傳世金文資料中有十多件西周早期的應公之器，知其圖形的有方鼎、簋、卣、觶等，多已不知下落。一九五八年，江西餘干縣出土一件西周早期的應監甗，作器者「應監」可能是周王朝派往應地的監國者。該器出自遠離應國故地的江西，當是早年出土後重新埋藏所致。一九七四年，陝西藍田出土一件應侯鐘，與早年流入日本的另一件鐘，銘文上下連續，合爲全銘，年代屬西周中期。

值得注意的是近年在河南平頂山的滍陽鎮附近發現應國墓地，并進行一定規模的發掘，使《漢書·地理志》等典籍關于應國地望的記載得到證實。一九七九至一九八四年，墓地三次出土四件銘文相同的鄧公簋，系鄧國國君爲其女「嫚酕」嫁至應國所作媵器。同時出土的還有車飾和其他器物，年代均屬西周晚期，當爲應國高級貴族墓葬。一九八二年出土「應事」所作鼎、簋、爵、觶等青銅容器，以及兵器、車馬器等，則是西周中期墓葬。隨後，又于一九八六至一九九六年在此發掘四十多座應國墓葬，見于報道的僅九五號和一號兩墓。九五號墓屬西周晚期早段，所出青銅容器有實用的鼎三件、鬲和簋各四件，盨和方壺各二件，盤、匜和甗各一件；又有明器簋二件，鼎、盨、尊、盤、匜各一件；還有甬鐘七件、編鈴九件，以及較多的車馬器和少量兵器。實用器中，鼎和簋的作器者稱「公」，盨、方壺和盤稱「應伯」，鬲則稱作「侯氏」。如此看來，該墓墓主的身份較高，可能是應國國君或其親屬。一號墓的年代屬西周晚期偏晚階段或稍晚，所出青銅容器有鼎五件、簋六件，方壺和方彝各二件，甗、盤、盉各一件（其中一件鼎和一件盤爲明器）。

應國墓地出土的青銅器，形制紋飾和組合形式均與周畿地區的發現基本一致，但也有個別較爲罕見的獨特風格。例如「應事」所作器物，簋斂口垂腹、蓋却較小；爵無鋬、雙柱接于口外；再如傳世品中的應公觶有鋬，均與常見的形制有所不同。一座西周中期墓出土的鴨形盉，造型頗爲生動。

西周時期的蔡國青銅器發現較少。其始封之君蔡叔度，係武王昆弟，居于殷地，爲三監之

許男鼎

應侯鐘銘文

一，成王初年因參與叛亂被放遷而死，後成王復封其子胡于蔡（是爲蔡仲），今河南上蔡有蔡國故城。一九五六年，蔡國故城以北二十多公里的地方，曾出土一批西周早期青銅器，計有方鼎、甗、簋、尊、卣、觶、觚各一件，爵二件，器物類別和形制紋飾均具殷代晚期風格。傳世品中有蔡侯鼎、蔡姑簋、蔡侯匜等器，均屬西周晚期，鼎、簋二器久佚，惟匜尚存。

汝潁之間的西周諸侯，除前述應、蔡二姬姓國外，又有嬀姓陳國和姜姓許國，分别爲帝舜和炎帝之後。陳國故城在今河南淮陽，早自數十年前附近地區即不斷出土西周青銅器，多已散佚。六十年代初，縣城東南九公里的泥河村一帶，所出簋、卣、觚、爵等青銅器屬西周早期，但未發現重要銘文。一九六三年，山東肥城小王莊出土一批西周晚期青銅器，有兩件同銘壺係陳侯爲嬀朁所作媵器，另有鼎、鬲、簠各二件，盤、匜各一件。據文獻記載，陳與齊、魯等國有包括婚媾在內的密切關係，此陳侯女所嫁國别爲何，因同出青銅器均無銘文，無法確知。一九七六年，陝西臨潼出土周初利簋的青銅器窖藏，曾發現一件西周晚期的陳侯簋，係爲「王嬀」所作媵器。傳世品中另一西周中期的陳侯簋，則係爲「嘉姬」所作寶器。許國地望在今許昌附近，目前尚未獲知當地出土西周青銅器的信息。一九六七年，陝西長安馬王村的一處青銅器窖藏，出土西周晚期的許男鼎，證實許國確係姜姓、爵稱爲男。原物尚存的許國青銅器，還有前述內蒙古寧城縣小黑石溝出土的許季姜簋，亦屬西周晚期。

南陽地區的西周諸侯，例如姜姓申、呂二國，與許國一樣，都是炎帝之後；嫚姓鄧國和族氏不明的鄂國，也是商代或商代以前即已存在的古國。它們的青銅器，均有流傳。

申國在兩周之際居于重要的歷史地位。據《詩·大雅·崧高》記載，申伯本是宣王「元舅」，爲使「南土是保」，將其改封于謝。一九八一年，河南南陽北郊出土的西周晚期申國銅器，證實周宣王改封的申伯之國，確如《漢書·地理志》所說，在漢代南陽郡宛縣，即今南陽市附近。這批申國青銅器，出土于古宛城遺址以東不遠的地方，收集到的有簋二件，鼎和盤各一件，以及車馬器等，原應爲一貴族墓葬。簋銘稱作器者爲「南[illegible]（申）伯太宰中爯父」（鼎銘但稱「中爯父」），作器對象是其「皇祖考徲（夷）王監伯」，如此則作器者大致相當于宣王時期。

鄂國青銅器:鄂侯馭方鼎、鄂侯作王姞簋

西周晚期的呂國應在南陽以西，目前尚未發現遺蹟。現存呂國青銅器有呂王鬲，舊著錄又有呂王壺（圖像失載），均不詳其出土地點。根據這兩件呂王青銅器，再聯繫到淅川下寺春秋楚墓鐘鎛銘文中作器者自稱「呂王之孫」，獲知此异姓諸侯在周室衰微的情況下，具相當實力并妄自稱王。

與應國有聯姻關係的鄧國，現存青銅器除前述應國墓地出土的四件鄧公爲應嫚所作媵簋外，製作最精美的還是長安張家坡井叔墓所出鄧仲犧尊，年代屬西周中期偏早階段。湖北襄陽西北有鄧國故城遺址，文化遺存頗爲豐富。城址以北的山灣、蔡坡一帶，曾發掘不少西周春秋時期的貴族墓葬，所出西周青銅器有鄧公牧簋、侯氏作孟姬簋等。傳世品中另有鄧公爲不故屯夫人所作簋（僅存簋蓋）、鄧伯氏鼎、鄧孟壺（僅存壺蓋）等器，亦屬西周晚期。這些鄧國青銅器，鄧仲犧尊已見《中國青銅器全集》第五卷，其餘諸器均未收錄。

中州大地的上述諸侯青銅器，無論同姓還是异姓，器類和形制紋飾的基本特徵，與王畿地區并無二致。另有幾批國別尚待考訂的西周青銅器，有的製作得較爲精美。例如信陽㴸河港出土一批西周早期青銅器中，作器對象爲父乙的獸面紋簋、尊、卣及有蓋角等；而作器對象爲父丁的卣，腹飾大朶四瓣目紋，頸飾生動的一對臥牛，實屬前所未見。再如禹縣吳灣出土的諫簋，口部和圈足均外侈呈喇叭狀，兩側附對稱的穿鼻提環；汝陽前河梁出土的兩件壺，短頸圓腹，下部滿飾垂鱗紋，都有一定的特色。

鄂國本是商代已經存在的古國，西周時期雄踞南方，并有早早晚晚的一些青銅器傳世，但其地望頗有爭議，大體在今南陽盆地或其附近地區。西周金文中，鄂字作「噩」。目前所知出土地明確的鄂國青銅器，僅有湖北隨州安居羊子山出土的鄂侯弟厝季所作尊，同出的獸面紋鼎、簋及爵，都是西周初期的典型器物。傳世有一件卣與此尊同銘，二器風格一致，均通體光素、僅飾弦紋，腹部附加獸首鋬是其特异之處。西周早期又有鄂侯弟厝季簋、鄂季奞父簋和鄂叔簋，前二簋形制相近，均弇口失蓋，口下飾精細雷紋一周，惟兩耳一器有珥一器無之；鄂叔簋則方座四耳，周初特徵更加明顯。傳世品中還有西周中期偏晚階段的鄂侯作王姞簋和鄂侯馭（御）方鼎，簋銘表明鄂爲姞姓，即係黃帝之後，曾嫁女于周爲王妃；鼎銘則記述鄂侯御方在周王南征淮夷班師途中前往朝覲，受到周王的宴享和賞賜。這是當時鄂侯與周王之間關係尚好的反映。爲時不久，情況發生變化。年代稍晚約當夷厲時期的禹鼎，銘文便記述鄂侯御方率南淮夷和東夷反周，遭到周師的大舉討伐，最後周師進至鄂都弁俘獲鄂君御方本人。年代更晚的鄂國青銅器不曾發現，或與鄂國已在此役中被伐滅有直接關係。

西周晚期至春秋早期的曾國青銅器，在湖北京山、隨州、棗陽和河南新野等地多有發現。學者公認，銅器銘文所示曾國即文獻記載中的姬姓隨國。其中，年代明顯屬西周晚期的主要有：隨州均川熊家老灣出土的曾伯文所作四簋、一鑐，曾仲大父螽所作二簋，棗陽茶庵出土的曾子仲誨所作三鼎，新野城關出土的曾子仲誨所作甗，以及各地同一墓葬所出的某些器物。六件簋均爲當時習見的形制，弇口有蓋，獸首雙耳，蓋沿、器口和圈足飾橫向鱗紋，其餘部位則飾橫條紋。曾伯文鑐的形制與仲義父鑐一致，紋飾略有不同。曾子仲誨鼎、甗均爲附耳，飾獸體卷曲紋和橫向鱗紋。京山蘇家壟所出曾侯仲子斿父所作鼎（九件）、壺（二件）、鋪（二件）等器，鼎的形制紋飾與曾子仲誨鼎相同，年代應相一致或稍晚（見《中國青銅器全集》第十卷）。傳世年代較早的曾國青銅器，還有曾伯從寵鼎、曾伯陭壺等，亦屬西周晚期。

西周時期的楚國青銅器發現較少。據《史記·楚世家》記載，早在成康之世，即有熊繹受封于楚，但遲至夷王時期，「甚得江漢間民和」的熊渠仍自稱「蠻夷」，「不與中國之號謚」。宋代金石學著作中曾著錄湖北嘉魚出土的楚公逆鎛的銘文，由于摹寫有失眞之處，給釋讀帶來一些困難。清末學者孫詒讓考訂該鐘的作器者爲《楚世家》中的熊咢，與熊渠相隔六世，在位于宣王時期。後王國維、郭沫若均贊同其說，成爲定論。意想不到的是近年在晉侯墓地發掘的西周晚期六四號墓，竟然出土銘文與宋代著錄者不同的楚公逆鐘全套八件。這不僅使正確釋讀宋人著錄的銘文有了可靠的參證，得以訂正所謂鎛銘實爲鐘銘，而且將楚晉交往的歷史，由春秋早中期之際提早到西周晚期。新出土的楚公逆鐘形制和紋飾都很特殊。甬部較長、斷面略呈方形，鉦部與枚、篆之間界以雙陰線和乳釘，篆間所飾長脚蟬紋見于周初青銅器，鼓間的龍、鳳、虎糾結圖案，鼓右的長耳鱗身獸形標記，則前所未見。傳世又有楚公冢鐘（著錄銘文四件，現存三件），以及一件蜀式三角援戈。楚公冢鐘的形制和紋飾，均與陝西出

屯溪1號墓出土父乙尊

土的西周鐘基本一致，而與楚公逆鐘有所不同。這四件鐘并非同套，其中三件鼓間和篆間花紋一致，鼓右有鳥紋標記，鐘銘自稱「寶大𩁹（林）鐘」；另一件花紋有所不同，鼓右標記爲象紋，鐘銘自稱「錫鐘」。郭沫若曾考訂楚公豪爲熊咢之子熊儀，即相當于幽王時期。近年有學者推測其爲夷厲時期的熊渠⑥，亦可備一說。

楚地發現的西周青銅器，年代最早的還是江陵萬城墓葬出土的一批，共計十七件，屬西周初期。其中包括北子銘鼎、甗，㢸爲北子和北柞所作二簋，以及尊、卣、觶等。郭沫若指出，這裏的「北」即邶、鄘、衛之邶，地在今河南湯陰或者淇縣附近，不能遠至江陵。認爲「北國器在江陵出土，可能是經過曲折的經歷，爲楚國所俘獲。」黃陂魯台山西周早期墓出土的公太史所作方鼎、簋等器，也被認爲來自中原地區。江陵江北農場出土的虎形尊，是楚地所出西周青銅器中最精美的一件。

長江下游即吳越地區年代較早的青銅器，都出土于當地特有的土墩墓中，例如江蘇丹徒的煙墩山、母子墩和安徽屯溪的弈棋等項發現。人所共知，這一地區的青銅器中包括中原與當地兩種文化因素，呈現複雜的情況，因而對其年代的判斷存在着明顯的分歧。有些青銅器，從其形制、紋飾乃至銘文看來，應屬中原西周青銅文化系統，學者并無不同意見。例如：煙墩山出土的宜侯夨簋，母子墩出土的雙鳥耳方座簋（伯簋），屯溪一號墓出土的獸面紋筒形尊（父乙尊），三號墓出土的兩件蓋端帶犄角卣（一件爲公卣，飾交纏的鳳鳥紋；另一件飾分尾的長喙鳥紋），都具典型的西周特點。煙墩山出土的鳳紋觥、三足盉，酷似西周器，或以爲年代稍晚（見《中國青銅器全集》第十一卷）。而數量較多的另一些青銅器，主要是當地仿鑄中原形式的製品和地方土著特徵的器物。仿鑄器與中原西周青銅器相比，有的形制和紋飾肖似，有的已有相當程度的改變。許多學者主張這類青銅器的年代亦屬西周早期或中期，馬承源等先生認爲多屬春秋時期⑦。至于宜侯夨簋的年代與國別，早在一九五六年該器出土後不久，唐蘭先生即曾考訂其爲康王時期的吳器，認爲是被徙封于宜的虞侯夨，即吳國事實上的始封之君周章⑧。

陝西的豐鎬和周原周圍，乃至整個關中地區和甘肅東部，即西周時期的近畿之地，分布有「爲王卿士」的姬姓高級貴族封邑，又居住有少數异姓國族。歷年來，它們遺留的青銅器頗有發現。

周原以東發現的西周青銅器，以涇陽高家堡墓地所出年代最早。一九七一年和一九九一年兩次在此發掘的六座西周早期墓，四座隨葬青銅器。其中兩墓器類較全，一號墓所出食器有圓鼎、簋、甗，酒器有尊、卣、觶、爵，水器有盤、盉；四號墓除出土同類器物外，增多斝、瓿、罍、觚、勺等酒器。另二墓酒器較少，二號墓有尊、卣、觶，三號墓僅有卣（壺）。這些銅器的紋飾具有鮮明的周初特點，例如一號墓二簋二卣一尊和二號墓一尊，都在顯著部位飾蝸身獸紋，三號墓和四號墓所出方鼎等器，則飾有雙體龍紋。蝸身獸紋見于武王時期的大豐簋等器，時代性極強。有銘文的二十餘件銅器，大多或僅署族氏符號，或署「父某」人名，其中八件爲立戈形符號。這種符號在商末周初青銅器中時有發現，是當時較爲活躍的一族。與高家堡相距不到十公里的淳化史家塬一號墓，發掘出土一鼎二簋。該鼎通高一點二二米，重二二六公斤，是目前所知西周最大最重的鼎。鼎的形制與大盂鼎接近，又很奇特，與三足相應的腹壁加鑄類似同時期簋耳的獸首鋬，鋬間口沿下飾三組雙身龍紋；鼎耳甚大，外側飾相對的二龍。整個器物造型魁偉，工藝精湛，實屬不可多得的大件藝術瑰寶。由于該鼎和同出的簋都沒有銘文，墓的規模又不大，難以判斷器主身份及其所屬國族。

郿縣楊家村所出旟鼎，形制紋飾與大盂鼎更加接近，年代亦屬西周早期。鼎的外腹和三足凝聚厚層煙炱，顯係長期使用所致。鼎銘表明，器主得到王姜的賜田，故作此鼎以爲紀念。「王姜」一名見于多件西周早期青銅器，學者公認其爲周王后妃，又存在着分歧。郭沫若曾以爲成王后妃，后改訂爲武王后妃，即太公望之女邑姜；唐蘭則推想爲「昭王娶于房」的房后，但史書并無房國姜姓的記載，問題尚需討論⑨。該鼎器主既得到王后賜田，肯定所處地位非同一般。

傳世品中有芮公所作鼎、鬲、簋（僅存蓋）、鐘諸器，年代屬西周晚期，出土地均不詳。宋呂大臨《考古圖》著錄一件芮公簠（失蓋），并記「得于馮翊」，又記「舊圖云，咸平年同

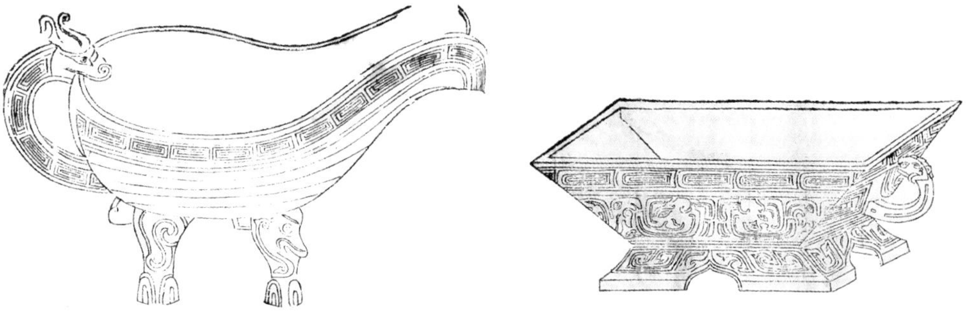

宋呂大臨《考古圖》著錄的芮公簠、弭伯匜

州民湯善德獲于河濱以獻」。據考證，西周時期的芮國，係成王顧命大臣芮伯之後，在今陝西大荔縣境。芮公簠的出土地，與之正相符合。

藍田縣境也是早在宋代即曾出土弭國之器，《考古圖》著錄有弭伯匜和弭仲簠。近幾十年來，又在藍田的新村出土一件弭伯師耤簋（失蓋），寺坡村出土兩件弭叔師宷簋、三件弭叔鬲和一件弭叔盨。傳世品中，另有銘文內容不同的弭叔盨。它們均屬西周晚期較早階段。弭器既屢次出土于藍田，當時的弭邑自應在此一帶。

藍田和武功二地，還發現西周晚期的䵼叔之器。藍田草坪村出土的一件附耳鼎，係䵼叔與信姬所作。武功任北村的一處窖藏，出土十件銅簋，其中有三件器、蓋俱全的䵼叔䵼姬簋和三件同銘的簋蓋，係䵼叔䵼姬爲其女伯媿所作媵器。這表明䵼爲媿姓，或以其應是涇渭間戎狄一支。一說䵼爲遠在皖北的胡國。

傳世有五年琱生簋和六年琱生簋，均不詳其出土地點。二簋形制紋飾一致，淺腹雙耳高圈足，腹飾寬帶組成的變形獸面紋，珥與耳長度相當而下部外卷。二簋銘文內容相關，五年簋記述琱生請求君氏（王后）減免貢賦得到准許事，六年簋記述減免問題獲得進一步解決事。六年簋的作器對象爲「朕剌祖召公」，表明琱生爲居于琱的召公後裔。有一件琱生鬲，傳一九四九年前出土于扶風北岐山一帶。寶雞西高泉春秋早期秦墓，又曾出土琱生豆。這些西周中晚期之交的青銅器，都很精美。另有一件出土地不明的康生豆，形制與琱生豆不同，并且有鎜。

周原以西的封君，地位最顯赫的是世代爲王卿士的二虢，即文王弟虢仲和虢叔之後，封地在今寶雞地區，史稱「西虢」；後遷至今河南三門峽和山西平陸一帶，史稱「南虢」和「北虢」。現存西周時期虢器，多屬懿孝以後。虢伯之器有鬲和甗（鬲無器形可尋），虢仲之器有盨（僅存一蓋），王國維跋云「器出陝右」（《觀堂別集》）。虢叔之器，最著名的虢叔旅鐘全套八件，著錄七件（其中二件下落不明），據云出土于寶雞虢川司（馮登府：《關中金石志》卷一），一說「出長安河壖之中」（吳大澂：《愙齋集古錄釋文賸稿》上）。宋呂大臨《考古圖》曾著錄虢叔所作鬲和簋，并記簋「得于京兆」。現存又有虢叔鼎、盂、簠等器。虢君之器有虢文公子𩛥鼎和虢宣公子白鼎⑩。《國語·周語》記載，宣王即位，不藉千畝，虢文公曾作進諫。賈逵注稱虢文公爲虢仲之後，韋昭則謂虢叔之後。一九五七年在三門峽虢國墓地發掘的一六三一號墓，出土一件虢季氏子𠭯鬲，作器者與虢文公子𠭯應是一人。虢宣公子白鼎與虢季子白盤，也是同人之器。這説明，虢文公和虢宣公，既非虢仲之後，亦非虢叔之後，而是出于季氏。近年在三門峽發掘的兩座虢國大墓，二〇〇一號墓所出青銅器，有銘文的均爲虢季所作；但二〇〇九號墓所出青銅器，却爲虢仲作器⑪。傳世虢季之器，還有虢季氏子組鬲、簋、壺等器。相傳出土于寶雞虢川司的虢季子白盤，爲碩大的長方槽形，盤底鑄有一百一十一字的長篇銘文，記述周宣王十二年正月子白奉命征伐玁狁，戰功卓著，受到褒獎和賞賜的史實，應是子白繼位爲虢國國君以前的遺物。三門峽虢國墓地出土的銅器，所屬年代由西周晚期延續至春秋初期，爲保持資料的完整，將其一律收入《中國青銅器全集》第七卷。

寶雞以北的汧水下游，特别是其西岸的賈村塬地區，曾幾次出土夨國青銅器，當地又有面積較大的西周春秋時期居住遺址，很可能是當時夨國的中心區域。賈村塬範圍内，上官村收集一件夨王爲「奠姜」所作簋蓋，浮陀村西周墓出土一件方鼎形夨盨（失蓋），靈隴村西周墓出土有「夨」字銘文的銅泡，年代均屬西周晚期。賈村塬以外，南面鬥雞台的一座西周墓，出土有「夨」字銘文的馬具當盧；向北溯汧水而上，隴縣曹家灣南坡的一座西周墓，出土有「夨仲」銘文的銅戈和「夨」字銘文當盧，年代均屬西周早期。傳世又有西周早期稍晚階段的夨王之器，例如方鼎（僅存鼎蓋）、壺（或稱卣）、觶（或稱尊）等器。同卣則記載夨王賞賜作器者金車、弓、矢之事。另有年代稍早約當西周初期的夨伯之器，例如寶雞紙坊頭一號墓出土二鬲，《商周金文錄遺》著録一甗。學者據此推測，夨這一异族的首領，周初稱伯，稱王應在稍晚的康昭時期。清末出土于陝西鳳翔府的師眉鼎（或稱「㝩鼎」），銘文提到「師眉薦于王爲周客」，「師眉」既爲「周客」，理應來自异族外邦。又有出土地不明的師眉簋，銘文内容與鼎相同。

與夨關係密切的散伯簋、散氏盤等青銅器，也是清末出土于陝西鳳翔府境，確切地點未詳，大概都在寶雞地區。西周中期的散伯簋（現存五件）和散伯匜，均係散伯爲夨姬作器，表明散、夨之間存在婚媾關係。西周晚期的散氏盤（又稱夨人盤），有銘文三百五十七字，記述散、夨之間發生的一場土地糾紛，以及劃界、立約、盟誓等情況，并且提到夨王的行蹤。

寶雞鬥雞台、戴家灣一帶，早年曾出土兩組西周初期的銅禁，具有較高的藝術價值。所謂「禁」，是古代貴族禮儀活動中置放酒器的長方形案。一九〇一年出土的銅禁及各類酒器，全部流失海外。該禁長八十七點六厘米，寬四十六厘米，高十八點七厘米。同出酒器有體積較大、製作精緻的一件尊和兩件卣（一件帶方座），又有較小的四件觶，以及斝、盉、觚、爵、角各一件。據記述，該禁案面平整，遺留有置放一尊二卣的痕跡。多年來流傳的若干照片，有的將其他酒器全部置于案上周圍，有的部分置案上部分置案前，置放方式各异，其實都不是原狀。一九二六年進行的大規模盜掘，出土青銅器數以百計，大部分也已流失海外。銘文記述周公東征史事的塱方鼎，傳即出土于此。現藏天津歷史博物館的一件銅禁，與一九〇一年的那件相比，寬度彼此仿佛，長度和高度則超過許多。這件禁的案面有三個橢圓形中空突起的子口，用以嵌置大件酒器的圈足。至于案上器物的陳設情況，曾有學者根據早年的一張雜陳照片推測，實際并不可信⑫。本卷收錄的長冠鳳紋方鼎、甲簋、飛脊鳳紋卣三器，以及未收錄的[illegible]鼎、百乳直紋四耳簋、長冠鳳紋方座簋、告田觥、飛脊直紋方彝等器，相傳都是此次盜掘所獲。它們的共同特點是造型甚爲精美，除飾以長冠鳳紋的方鼎和方座簋外，其他諸器都在顯著部位飾有直紋，但這些青銅器并非均屬此禁，確切情況已無法徹底弄清。禁上所設限于大件酒器則是肯定的。

七十年代後期至八十年代初，在鬥雞台以西七八公里的寶雞市區西部，渭河南岸的茹家莊、竹園溝和北岸的紙坊頭三地，先後發掘西周早中期的𢐗國墓葬，出土較多青銅器。但這一𢐗國與文獻記載的對應關係，尚有待于探討。

紙坊頭的一座殘墓所出青銅器約當西周初期，主要有鼎、簋、鬲、甗，酒器多已缺失。其中最有特色的五件簋，多連以方座，雙耳或四耳，有的圈足高于器腹、垂珥特長，前述𤩽生簋與之頗爲相像。紋飾以高浮雕獸面、牛頭、虎頭和火紋爲主體，牛角往往突出器表。兩件簋的銘文表明，作器者和墓主爲𢐗伯。

竹園溝發掘的二十二座墓中，七號、一三號和一號、四號四墓較大，有妾屬爲墓主殉葬，

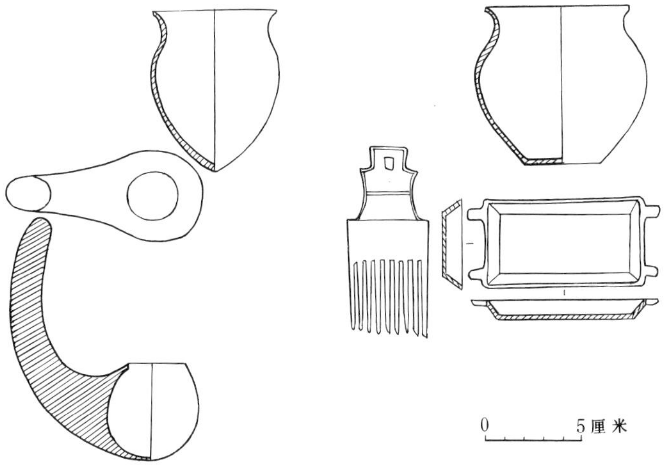

寶雞竹園溝13號墓出土小件青銅器:尖底罐、平底罐、淺盤形器、曲柄斗形器、梳、旄頭

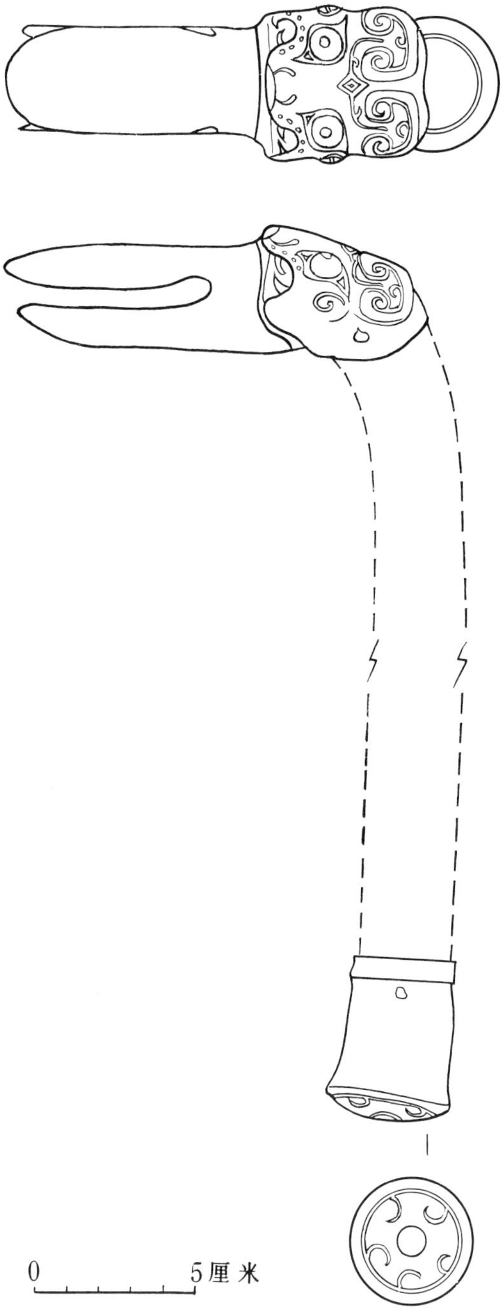

出土各類器物甚豐。青銅製品除容器外，還有兵器、車馬器和作爲儀仗的旄頭等。七號墓的三件編鐘，是目前所知年代最早的一組，約當康昭之際，墓主爲𢐗的「伯各」。各墓出土的食器，主要是鼎和簋，有的出甗和豆（銅豆或漆木豆）；酒器有尊、卣、觶、爵（觚），往往承以漆木禁；又有水器盤。七八座較小的墓，多僅出鼎、簋各一件，個別墓有尊、卣、觶、爵等酒器。無論大墓和小墓所出青銅容器，形制紋飾多無甚特殊，奇异的是四號墓所出𢐗季尊、卣，垂腹之下不連圈足而作四只虎形扁足。各墓又常伴出具有鮮明地域特徵的小件器物，例如銅質或陶質的平底、尖底小罐，銅淺盤形器、曲柄斗形器、髮笄和梳，以及戈、鉞、短劍等，反映其包含濃厚的早期蜀文化等因素。

茹家莊出土青銅器的是兩座帶墓道的大墓。一號墓墓主爲𢐗伯及從葬的妾屬，二號墓墓主爲𢐗伯妻井姬。根據所出青銅器的形制紋飾判斷，兩墓的年代略晚于竹園溝諸墓，約當穆王前後。一號墓中𢐗伯的隨葬器物頗多，銅質食器有八鼎（方形三，圓形五，形制各异）、五簋（形制各异），又有二鬲一甗四豆；酒器有尊、卣、壺、罍、觶、爵（尊、壺、爵各二，其餘各一）；另有水器盤、鎣，以及編鐘三件。其中，帶蓋圓鼎、兩種雙耳簋和盤、鎣，有𢐗伯作器銘文。值得注意的是，這些青銅器除典型的西周風格者外，有些獨具特色的器物，例如有

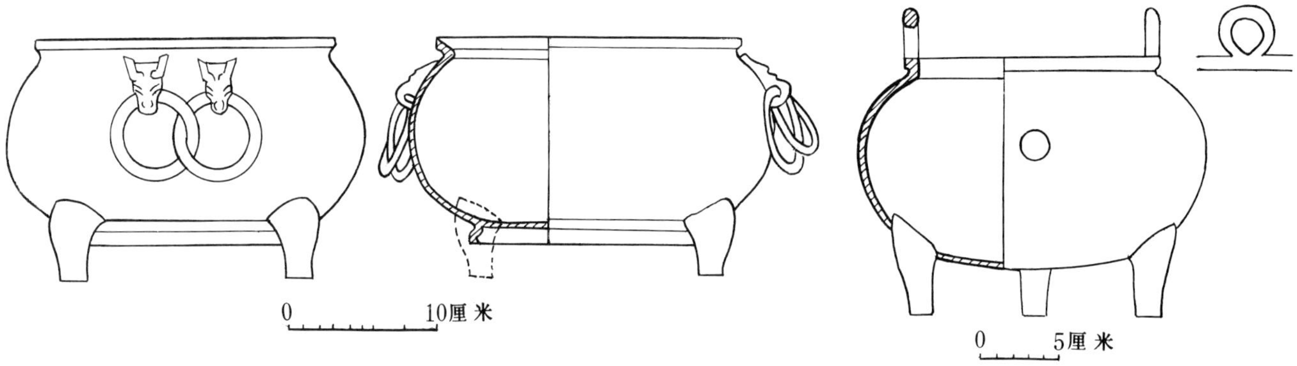

寶雞茹家莊2號墓出土青銅器:環耳斂口鼎、雙耳雙環簋

的圓鼎斂口、扁圓鼓腹、環耳、短足，有的簋亦斂口、扁圓鼓腹、兩側有對稱的牛首銜雙環。該墓從葬妾屬的五鼎，均爲此種形制，四簋則扁圓鼓腹、半環形耳。二號墓所出青銅器，主要有鼎、簋各五（均形制各异），又有鬲、甗等。其中四鼎一甗有𢐗伯爲井姬作器銘文，有的圓鼎和雙耳簋亦屬別具特色者。兩墓分別出土的鳥形、象形和貘形銅尊，男相和女相銅人，以及車馬坑出土的人形和獸面紋車軏飾，都是罕見的珍貴品。竹園溝墓地常見的淺盤形器、曲柄斗形器和髮笄、梳等小件銅器在此不曾出土，平底和尖底小罐僅有陶質的。

甘肅靈台白草坡的兩座西周早期墓葬，所出青銅器的組合基本一致，食器主要有方鼎、簋和甗（一號墓又有分襠鼎），酒器主要有尊、卣、觶、爵、盉（一號墓又有斝、角和斗），多數一件，少數二件。其中，一號墓的作器者有潶伯，二號墓的作器者有𨽍伯。與白草坡相距很近的姚家河西周早期墓，出土青銅容器僅有鼎、簋，鼎銘有「乖叔作」三字。發掘者指出，靈台附近爲文王三年伐滅的密須故地。因此，潶伯、𨽍伯和乖叔被認爲可能屬于改封後的姬姓密國。

通觀各地發現的西周諸侯方國青銅器，幷與岐周、宗周、成周三處王畿之地所出青銅器比較，可以獲得一些概括性的認識⑬。

各地發現的西周早期青銅容器，特別是若干同姓諸侯國出土青銅器，器物組合與王畿之地大體相同。一般是以鼎、簋爲主的食器組合。身份稍高的則食器與酒器幷舉，但仍以鼎、簋爲主，有的增加鬲、甗，鼎、簋的多寡因身份高低而异。酒器爲尊、卣或爵、觶，有的兼而有之，但都僅一兩件而已，壺、罍、斝、觚、角等器則很少發現。個別較大的墓，還常出土盤、盉等盥洗器。兵器、車馬器出土的數量，也和墓葬的規模有直接關係。編鐘僅見于西周中晚期有數幾座國君一級的大型墓。

西周早期諸侯青銅器形制紋飾的基本特點，與王畿之地相比，同樣是幷無顯著差別。除各類器物的常見形制和紋飾外，現以本卷所收若干器物爲例說明其間的同一情況。例如，北京琉璃河燕國墓地出土的圉鼎，滕州莊里西出土的滕侯鼎，均作蓋與盨相似的橢方形；琉璃河墓地

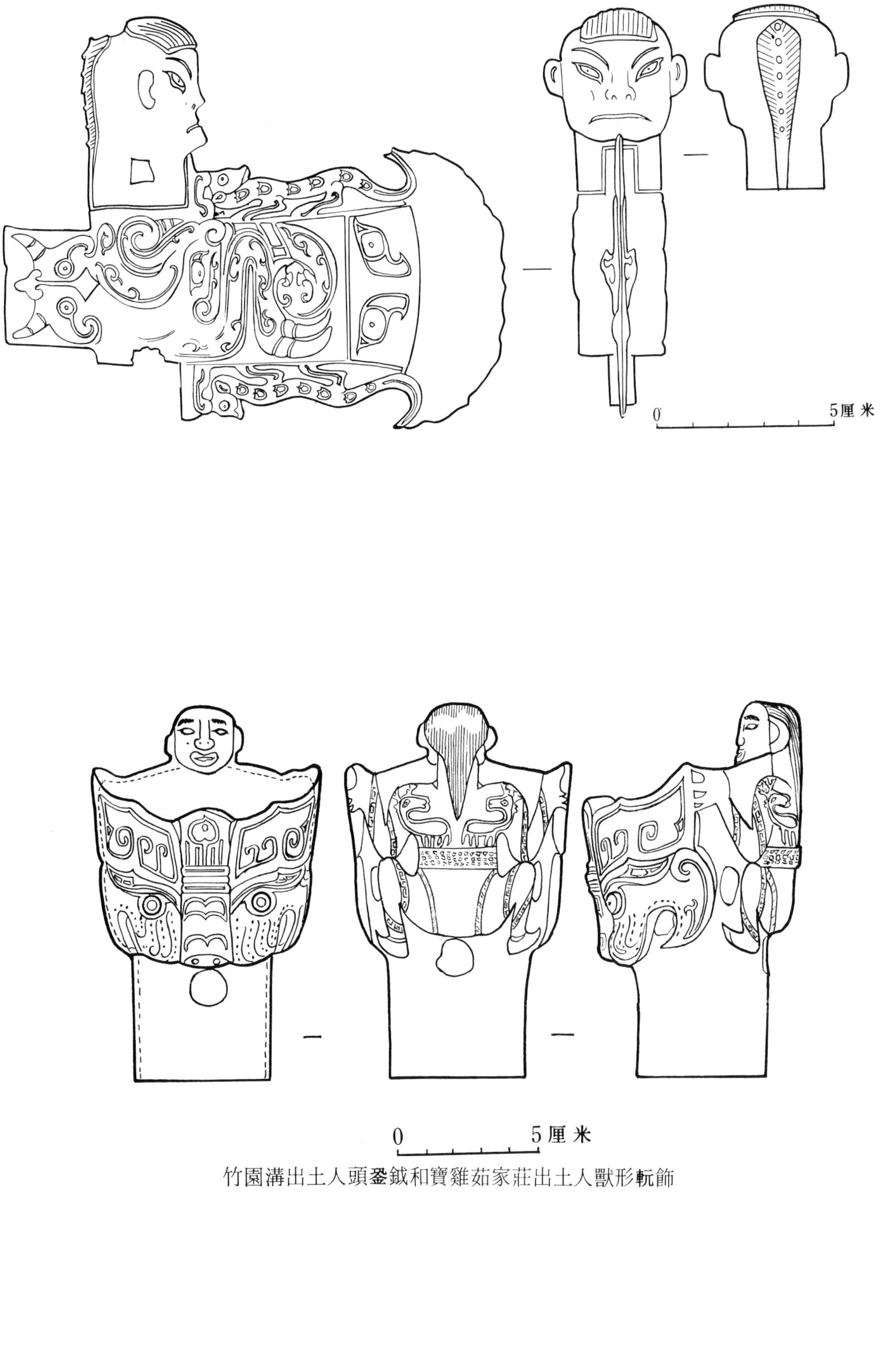

竹園溝出土人頭銎鉞和寶雞茹家莊出土人獸形軏飾

出土的攸簋和伯簋，曲沃晉國墓地出土的回首龍紋簋和伯簋，分別爲圈足下接三隻高足、四耳垂珥延伸成四足兩種形制，而將簋體高高懸起。這在周原地區都有類似的發現。再如，琉璃河出土的四足克盉，鶴壁龐村出土的三足盉，信陽獅河港出土的父乙角，在距離周原不遠的靈台白草坡等地有類似發現。又如，宜侯夨簋和鄂叔簋，簋體部分均四耳、紋飾以火紋爲主，與傳世品中的榮簋相似；喀左北洞出土的罍，與彭縣竹瓦街出土的罍相似，而所飾蝸身獸紋，既見于著名的大豐簋等器，又見于涇陽高家堡的多件器物。

西周早期諸侯青銅器中的兵器同樣如此。例如濬縣辛村衛國墓地出土的十字戟和鉤戟，在北京琉璃河、昌平白浮和靈台白草坡均有發現。琉璃河、白草坡和寶雞竹園溝出土的鏤空鞘短劍，形制和紋飾都很相像。白草坡出土的龍首形銎內戈，在山東鄒縣和其他地方也曾發現。

西周中期以後，諸侯青銅器發生一定的變化，即在總的發展趨勢基本一致的情況下，出現某些地方特色。由于現有的考古發現，各地并不是西周早中晚期均備，詳細對比尚有困難，只能略舉一二，認識或許片面。例如晉國青銅器，晉侯穌鼎爲半球形鼎身，兩附耳和口沿間有橫梁相連，藍田出土的㝬叔鼎與之接近却無此橫梁；晉侯昕簋、叔氏簋、晉侯𩰫盨和晉侯昕壺、楊姞壺等與王畿之地所出同類器相似，又有明顯的差异；楊姞方座筒形壺、人形足攀龍方盒和弦紋帶流盉等，更不見于其他地區。再如魯國青銅器，曲阜魯城四八號墓出土的魯仲齊甗，是西周時期僅見的分體圓甗（洛陽出土的師趣方甗，亦爲分體，屬西周早期）；盤的附耳上有臥牛，圈足下有人形三足，甚爲別致；侯母壺與萊陽前河前村、煙台上夼村所出壺均作小口瓠形，其他地區未曾發現。又如傳世品中的魯侯尊、㠱仲壺，濟陽出土的象鼻形足方鼎，禹縣出土喇叭形口、足的諫簋，等等，也都很有特色。這些獨具特色者，大多仍限于一群青銅器中的個別幾件器物或其局部特徵。

地方特色最多的應屬寶雞𢐗國墓地的發現。例如，紙坊頭所出垂珥特長的高圈足簋及其高浮雕獸首紋飾，竹園溝所出帶虎形扁足的尊和卣，茹家莊所出斂口扁圓鼓腹的鼎和簋，以及其他一些器物，均屬器物組合中的主要器物。該墓地同出的兵器和小件器物，更有許多屬于典型的蜀文化範疇。

據文獻記載，西周中期以後，王室開始逐漸衰微。前述西周中晚期諸侯青銅器的變化，某些青銅器群中不同程度表現的特色，正是王室走向衰微的情況下，地方社會經濟和政治勢力日趨發展的反映。各地發現的一批動物形象青銅器，例如琉璃河燕侯墓地以牛頭爲主題紋飾的伯矩鬲，喀左窖藏與燕侯盂同出的鴨形尊，天馬—曲村晋侯墓地的兔形尊，平頂山應國墓地的鴨形盉，江陵附近出土的虎形尊，寶雞附近出土的魚形尊，茹家莊𢐗伯墓的象形尊、鳥形尊和井姬墓的貘形尊，等等，無不造型逼眞、形態生動，從一個側面展示諸侯方國文化藝術上的新貌。

西周諸侯方國青銅器的銘文，是判定其所屬國別和器主身份的依據，爲研究各該諸侯國的歷史文化、相互交往及其與周王朝的關係提供可靠的資料。一般銘文字數不多，屬標記性質，即僅記作器者與器名，或再記被祀父祖名和被媵嫁女名，有的又加子孫永用一類吉語。少數長篇銘文，是當時歷史的眞實記錄。西周早期的若干諸侯青銅器，例如克盉和克罍、康侯簋、邢侯簋和麥方彝、宜侯夨簋等，銘文記載周初對其册封、授民授疆土等情況；禽鼎、禽簋和魯侯尊，則記載作器者參加東征戰鬥的史實。西周中晚期的應侯鐘和弭伯師耤、弭叔師宷二簋，記載周王對器主的册命與賞賜；虢仲盨、鄂侯御方鼎等器，記載周王南征淮夷的戰事。西周晚期的諸侯青銅器銘文，反映當時邊境屢遭异族侵犯、社會矛盾尖鋭的情況。戰爭銘文中，虢季子白盤記載周宣王時器主奉命征伐玁狁獲勝的史實。新出晋侯穌鐘（十六件）全銘三百餘字，所記厲王（或宣王）三十三年親自率軍進行的一次東征，不見于現存歷史文獻，尤有重要的史料價值。五年、六年琱生簋和散氏盤，銘文內容則是對土地糾紛的處理。諸侯方國青銅器銘文的書體，與王畿之地發現的周室青銅器相比，大都同樣的規整，有的相當秀美，係鑄器時製作而成。晋侯穌鐘的長篇銘文，全部是刻銘，在西周青銅器中尚屬僅見。有些方國的青銅器銘文，特別是西周中晚期的异姓、异族小國，書體較爲潦草，𢐗國墓地器物即其突出的事例。

關于西周諸侯方國青銅器的鑄造工藝，缺乏全面的科學考察。洛陽龐家溝發現的西周王室鑄銅遺址，早在六十年代即進行相當規模的發掘，迄今尚未發表報告。除此之外，各地雖未發現西周時期的鑄銅遺蹟，但從某些諸侯青銅器所顯現的地方特色推想，當時的許多青銅器應是在當地鑄造的。寶雞強國墓地出土的大量青銅器，曾由有關科技專家作詳細考察，《中國青銅器全集》第五卷概述中關于西周青銅器鑄造工藝部分即以其爲重要依據。琉璃河燕國墓地部分青銅器的科學考察，對這方面研究有所補充。大體說來，西周青銅器的鑄造以渾鑄法爲主，而以其他技法爲輔。即便伯矩鬲那樣精美複雜的器物，也是用渾鑄法製造，僅鬲蓋上的牛首提鈕係分範合鑄。圈足下有三隻虎足的伯簋，是將三足單獨製範，嵌入簋體範的相當部位合鑄。簋的雙耳和簋體，卣的提梁和卣體，則採取分鑄鑄接法製成。爲保證銅器的壁厚均勻，各類器物拼範澆注時，普遍在範與芯之間放置銅質芯撐，經X射線檢視多清晰可見。分鑄的耳、足，又在其內部放置泥質盲芯。

附注

① 關于北京琉璃河一一九三號墓出土罍、盉二器銘文的討論，見《北京琉璃河出土長銘銅器座談記要》（《考古》1989年10期）。其後進一步闡發的論文，主張「克」爲匽侯人名的，主要有李學勤《克罍克盉的幾個問題》（《第二屆國際中國古文字學研討會論文集》，香港中文大學1993年），陳平《克罍、克盉銘文及其有關問題》（《考古》1991年9期），孫華《匽侯克器銘文淺見》（《文物春秋》1992年3期）；主張「克」爲助動詞的，主要有殷瑋璋《新出土的太保銅器及其有關問題》（《考古》1990年1期），張亞初《太保罍、盉銘文的再探討》（《考古》1993年1期）。

② Chang Kuang Yuan（張光遠）：A Study of the Kang hou Gui, Oriental Art, 1981 .pp.282－301 .

③ 馬承源：《晉侯穌盨》，《第二屆國際中國古文字學研討會論文集》，香港中文大學，1993年；李伯謙：《晉國始封地考略》，《中國文物報》1993年12月12日；鄒衡：《論早期晉都》，《文物》1994年1期；張頷：《晉侯斷簋銘文初識》，同上；裘錫圭：《關于晉侯銅器銘文的幾個問題》，《傳統文化與現代化》1994年2期。

④ 北京大學考古學系、山西省考古研究所（徐天進等執筆）《天馬－曲村遺址北趙晉侯墓地第五次發掘》（《文物》1995年7期），將各墓墓主與《晉世家》所載晉侯世系的對應關係，排列爲：武侯寧族至穆侯費王和文侯仇。孫華《關于晉侯穌組墓的幾個問題》（《文物》1995年9期），排列爲晉侯燮至穆侯費王。李學勤《〈史記晉世家〉與新出金文》（《學術集林》卷四，上海遠東出版社，1995年），排列爲武侯寧族至穆侯費王和殤叔，即與《第五次發掘》意見接近。

⑤ 春秋早期說，見王獻唐《黃縣㠱器》（山東人民出版社，1960年）。西周晚期說，見陳夢家《西周銅器斷代》（未刊部分，全書將由中華書局出版）。

⑥ 熊儀說，見郭沫若：《兩周金文辭大系圖錄考釋》第八册164頁，（科學出版社，1957年）；熊渠說，見張亞初：《論楚公𧰼鐘和楚公逆鎛的年代》（《江漢考古》1984年4期）。

⑦ 馬承源：《長江下游土墩墓出土青銅器的研究》，《上海博物館集刊》第4期。

⑧ 唐蘭：《宜侯夨毁考釋》，《考古學報》1956年2期。

⑨ 郭沫若：《關于鄘縣大鼎銘辭考釋》，《文物》1972年7期。唐蘭：《西周青銅器銘文分代史徵》197頁，中華書局，1986年。

⑩ 清劉心源《奇觚室吉金文述》（十六卷七頁），稱此爲「虢文公子鼎」，以虢文公爲死謚，「𠈇」爲虢文公子。郭沫若《兩周金文辭大系圖錄考釋》（八册二四七頁），亦主此說；後發表《三門峽出土銅器二三事》一文（《文物》1959年1期），改主「文公是生號」，「子𠈇」是文公人名。陳夢家、陳邦懷均主「子𠈇乃文公之名」，分別見《西周銅器斷代．虢國考》（《燕京學報》新一期）、《嗣樸齋金文跋》20頁（香港中文大學中國文化研究所，1993年）。近年有學者仍主死謚說。

⑪ 李學勤在虢國墓地二〇〇九號大墓尚未發掘時，發表《三門峽虢國墓新發現與虢國史》一文（《中國文物報》1991年2月2日），其中針對二〇〇一號大墓墓主稱「虢季」，《春秋》經傳所見虢君，虢公林父稱「虢仲」，虢公丑稱「虢叔」，主張「仲叔季都是虢君本人的字，與季氏無關，和周初的虢仲、虢叔二人也沒有關係。」

⑫ 梅原末治：《陝西省寶雞縣出土之第二柉禁》，《東方學紀要》一，1959年；胡厚宣：《關于「西周夔紋銅禁」問題》，《華夏考古》1987年1期。

⑬ 關于西周時期諸侯銅器的特點，參看李學勤《西周時期的諸侯國青銅器》（《新出青銅器研究》，文物出版社，1990年）及朱鳳瀚《古代中國青銅器》一書的有關章節（南開大學出版社，1995年）。

參考文獻*

* 本文所述西周時期諸侯方國青銅器的資料來源，除參考文獻中列舉者外，諸多傳世青銅器的著錄情況，參看馬承源主編《商周青銅器銘文選》第三册（文物出版社，1988年）。

① 北京市文物研究所：《琉璃河燕國墓地1973－1977》，文物出版社，1995年；中國社會科學院考古研究所、北京市文物工作隊琉璃河考古隊：《1981－1983年琉璃河西周燕國墓地發掘簡報》，《考古》1984年5期；中國社會科學院考古研究所、北京市文物研究所琉璃河考古隊：《北京琉璃河1193號大墓發掘簡報》，《考古》1990年1期。

② 程長新：《北京市順義縣牛欄山出土一組周初帶銘青銅器》，《文物》1983年11期；北京市文物管理處：《北京地區的又一重要考古收獲——昌平白浮西周木槨墓的新啓示》，《考古》1976年4期；天津市歷史博物館考古部：《天津薊縣張家園遺址第三次發掘》，《考古》1993年4期。

③ 陳夢家：《西周銅器斷代（二）．匽侯盂》，《考古學報》第10册；熱河省博物館籌備組：《熱河凌源縣海島營子村發現的古代銅器》，《文物參考資料》1955年8期；遼寧省博物館等：《遼寧喀左北洞村發現殷代青銅器》，《考古》1973年4期；又：《遼寧喀左北洞村出土的殷周青銅器》，《考古》1974年6期；又：《遼寧喀左山灣子出土殷

周青銅器》，《文物》1977年12期；《遼寧省博物館藏寶錄》，上海文藝出版社、三聯書店（香港）有限公司，1994年。

④ 中國科學院考古研究所東北工作隊等：《寧城南山根的石槨墓》，《考古學報》1973年2期；項春松等：《寧城小黑石溝石槨墓調查清理報告》，《文物》1995年5期。

⑤ 郭寶鈞：《濬縣辛村》，科學出版社，1964年；王文強：《鶴壁市辛村出土四件西周青銅器》，《中原文物》1986年1期；周到、趙新來：《河南鶴壁龐村出土的青銅器》，《文物資料叢刊》第3集。

⑥ 陳夢家：《西周銅器斷代（一）·康侯簋》，《考古學報》第9册；又：《西周銅器斷代（三）·北子方鼎、井侯簋》，《考古學報》1956年1期。

⑦ 《邢台輪胎廠擴建工程考古喜獲成果》，《中國文物報》1994年9月18日；《邢台西周邢國調查有重大發現》，《中國文物報》1994年11月13日。

⑧ 河北省文物管理處：《河北元氏縣西張村的西周遺址和墓葬》，《考古》1979年1期；李學勤、唐雲明：《元氏銅器與西周邢國》，同上。

⑨ 李殿福：《巳簋初釋》，《社會科學戰線》1980年3期；張柏忠：《霍林河上游出土周代銅器的幾點補正》，同上1982年2期。

⑩ 山西省考古研究所、北京大學考古學系：《1992年春天馬—曲村遺址墓葬發掘報告》，《文物》1993年3期；又：《天馬—曲村遺址北趙晉侯墓地第二次發掘》，同上1994年1期；又：《天馬—曲村遺址北趙晉侯墓地第三次發掘》，同上1994年8期；又：《天馬—曲村遺址北趙晉侯墓地第四次發掘》，同上；又：《天馬—曲村遺址北趙晉侯墓地第五次發掘》，同上1995年7期。

⑪ 《北京大學賽克勒考古與藝術博物館展品概述·山西省曲沃縣天馬—曲村遺址》，《燕園聚珍》，文物出版社，1992年。

⑫ 山西省文物管理委員會：《山西洪趙縣坊堆村遺址古墓群清理簡報》，《文物參考資料》1955年4期；解希恭：《山西洪洞永凝東堡出土的銅器》，《文物參考資料》1957年8期；山西省文物工作委員會等：《山西洪洞永凝東堡西周墓葬》，《文物》1987年2期；李發旺：《山西翼城發現青銅器》，《考古》1963年4期；王進先：《山西長子縣發現西周銅器》，《文物》1979年9期。

⑬ 山西省考古研究所：《山西考古四十年》第四章兩周時期中《聞喜上郭村與邱家莊墓葬》，山西人民出版社，1994年。

⑭ 戴遵德：《山西芮城柴村出土的西周銅器》，《考古》1989年10期。

⑮ 陳夢家：《西周銅器斷代（二）·明公簋、禽簋》，《考古學報》第10册；又：《西周銅器斷代（三）·魯侯熙鬲》，《考古學報》1956年1期。

⑯ 齊文濤：《概述山東近年出土的商周銅器》，《文物》1972年5期。

⑰ 山東省文物考古研究所等：《曲阜魯國故城》，齊魯書社，1982年；程繼林等：《泰安城前村出土魯侯銘文銅器》，《文物》1986年4期；朱活：《山東歷城出土魯伯大父媵季姫簋》，《文物》1973年1期。

⑱ 王軒：《山東鄒縣七家峪村出土的西周銅器》，《考古》1965年11期；《山東長清仙人台遺址發現邿國貴族墓地》，《中國文物報》1995年12月17日。

⑲ 萬樹瀛等：《山東滕縣出土滕國銅器》，《文物》1979年4期；滕縣博物館：《山東滕縣發現滕侯銅器墓》，《考古》1984年4期；萬樹瀛：《滕縣後荊溝出土不嬰簋等青銅器群》，《文物》1981年9期。

⑳ 李步青：《山東招遠出土西周青銅器》，《考古》1994年4期；德州地區文化局文物組等：《山東濟陽劉台子西周早期墓發掘簡報》，《文物》1981年9期；又：《山東濟陽劉台子西周墓地第二次發掘》，《文物》1985年12期；《山東濟陽劉台子西周早期墓葬出土銅卷鼻象足方鼎》，《文物》1994年3期。

㉑ 山東省煙台地區文物管理委員會：《煙台市上夼村出土㠱國銅器》，《考古》1983年4期；李步青：《山東萊陽縣出土己國銅器》，《文物》1983年12期；王獻唐：《黃縣㠱器》，山東人民出版社，1960年；李步青等：《山東黃縣歸城遺址的調查與發掘》，《考古》1991年10期。

㉒ 周永珍：《兩周時期的應國、鄧國銅器及地理位置》，《考古》1982年1期；又：《曾國與曾國銅器》，《考古》1980年5期；徐少華：《周代南土歷史地理與文化》，武漢大學出版社，1994年。

㉓ 韌松等：《記陝西藍田新出土的應侯鐘》，《文物》1975年10期；又補正，《文物》1977年8期。

㉔ 平頂山市文管會：《河南平頂山市發現西周銅簋》，《考古》1981年4期；張肇武：《河南平頂山市又出土一件鄧公簋》，《考古與文物》1983年1期；又：《平頂山市出土周代青銅器》，《考古》1985年3期；又：《河南平頂山市出土西周應國青銅器》，《文物》1984年12期。

㉕ 河南省文物研究所等：《平頂山市北滍村兩周墓地一號墓發掘簡報》，《華夏考古》1988年1期；又：《平頂山應國墓地九十五號墓發掘簡報》，《華夏考古》1992年3期。

㉖ 河南省文化局文物工作隊第二隊：《河南上蔡出土一批銅器》，《文物參考資料》1957年11期。

㉗ 劉東亞：《河南淮陽出土的西周銅器和陶器》，《考古》1964年3期；齊文濤：《概述近年來山東出土的商周青銅器》，《文物》1972年5期；臨潼縣文化館：《陝西臨潼縣發現武王征商簋》，《文物》1977年8期。

㉘ 珠葆：《長安灃西馬王村出土鄦男銅鼎》，《考古與文物》1984年1期。

㉙ 崔慶明：《南陽市北郊出土一批申國青銅器》，《中原文物》1984年4期；李學勤：《論仲爯父簋與申國》，同上。

㉚ 中國社會科學院考古研究所灃西發掘隊：《長安張家坡西周井叔墓發掘簡報》，《考古》1986年1期；張家芳：《湖北襄樊揀選的商周青銅器》，《文物》1982年9期；襄樊市博物館等：《襄樊市、谷城縣館藏青銅器》，《文物》1986年4期。

㉛ 信陽地區文管會等：《河南信陽縣溮河港出土西周早期銅器群》，《考古》1989年1期；河南省文物研究所等：《禹縣吳灣西周晚期墓葬清理》，《中原文物》1988年4期；關玉翠、趙新來：《泌陽縣出土的兩件西周銅壺》，《文物》1966年1期。

㉜ 曹淑琴：《噩器初探》，《江漢考古》1993年2期。

㉝ 湖北省博物館：《湖北京山發現曾國銅器》，《文物》1972年2期；鄂兵：《湖北隨縣發現曾國銅器》，《文

物》1973年5期；湖北省博物館：《湖北省棗陽縣發現曾國墓葬》，《考古》1975年4期；鄭杰祥：《河南新野發現的曾國銅器》，《文物》1973年5期。

㉞ 李學勤：《試論楚公逆編鐘》，《文物》1995年2期。

㉟ 李健：《湖北江陵萬城出土西周銅器》，《考古》1963年4期；郭沫若：《跋江陵與壽縣出土銅器群》，《考古》1963年4期。

㊱ 湖北省博物館等：《湖北魯台山兩周遺址與墓葬》，《江漢考古》1982年2期；張亞初：《論魯台山西周墓的年代與族屬》，《江漢考古》1984年2期。

㊲ 何駑：《湖北江陵江北農場出土商周青銅器》，《文物》1994年9期。

㊳ 江蘇省文物管理委員會：《江蘇丹徒縣煙墩山出土的古代青銅器》，《文物參考資料》1955年5期；鎮江博物館等：《江蘇丹徒母子墩西周銅器墓的發掘》，《文物》1984年5期；安徽省文化局文物工作隊：《安徽屯溪西周墓發掘報告》，《考古學報》1959年4期。

㊴ 陝西省考古研究所：《高家堡戈國墓》，三秦出版社，1995年；淳化縣文化館：《陝西淳化史家塬出土西周大鼎》，《考古與文物》1980年2期。

㊵ 史言：《郿縣楊家村大鼎》，《文物》1972年7期。

㊶ 段紹嘉：《陝西藍田縣出土弭叔等彝器簡介》，《文物》1960年2期；戴應新：《記陝西藍田縣出土的西周銅簋》，《文物》1966年1期。

㊷ 尚志儒：《陝西藍田縣出土獸叔鼎》，《文物》1976年1期；盧連成、羅英杰：《陝西武功縣出土楚簋諸器》，《考古》1981年2期。

㊸ 寶雞縣博物館等：《寶雞縣西高泉村春秋秦墓發掘記》，《文物》1980年9期；張德光：《試談山西省博物館揀選的幾件珍貴銅器》，《考古》1988年7期。

㊹ 陳夢家：《西周銅器斷代·虢國考》，《燕京學報》新1期，1995年。

㊺ 中國科學院考古研究所：《上村嶺虢國墓地》，科學出版社，1959年；河南省文物研究所等：《三門峽上村嶺虢國墓地M2001發掘簡報》，《華夏考古》1992年3期；《虢國墓地發掘又獲重大發現》，《中國文物報》1992年2月2日。

㊻ 盧連成、尹盛平：《古夨國遺址、墓地調查記》，《文物》1982年2期；高次若：《寶雞賈村再次發現夨國銅器》，《考古與文物》1984年4期。

㊼ 端方：《陶齋吉金錄》卷一，1908年；梅原末治：《柉禁的考古學的研究》，1933年；李先登：《西周夔紋銅禁出土情況與流傳經歷》，《考古與文物》1982年6期；王光永遺作：《陝西寶雞戴家灣出土商周青銅器調查報告》，《考古與文物》1991年1期。

㊽ 盧連成、胡智生：《寶雞𢐗國墓地》，文物出版社，1988年。

㊾ 甘肅省博物館文物隊：《甘肅靈台白草坡西周墓》，《考古學報》1977年2期；又：《甘肅靈台縣兩周墓葬》，《考古》1976年1期。

圖版

一　柉禁　西周早期

二　㚸方鼎　西周早期

三　匽侯旨鼎　西周早期

五　獸面紋鼎　西周早期

四　堇鼎　西周早期

六　鳳鳥紋鼎　西周中期

七　圉方鼎　西周早期

八、九　伯矩鬲　西周早期

一一　𤞷簋　西周早期

一〇　圉甗　西周早期

一二　圉簋　西周早期

一三　圉簋　西周早期

一四　攸簋　西周早期

一五　伯簋　西周早期

一六、一七　匽侯盂　西周早期

一八　雙鈴俎　西周早期

一九　末爵　西周早期

二〇　公仲觶　西周早期

二一　克盉　西周早期

二二　鴨形尊　西周早期

二三　蝸身獸紋罍　西周早期

二四　蟬紋盤　西周早期

二五　蟬紋盤　西周早期

二六　人面形飾　西周早期

二七　獸面形飾　西周早期

二九　衛夫人鬲　西周晚期

二八　康侯丰方鼎　西周早期

三〇　康侯簋　西周早期

三一　渣伯逘壶　西周早期

三二　魚父己卣（附枓）　西周早期

三三　弦紋盉　西周早期

三四　邢侯簋　西周早期

三五　邢季㚖卣　西周中期

三六　成周鼎　西周早期

三七　目鼎　西周中期

三八　晋侯穌鼎　西周晚期

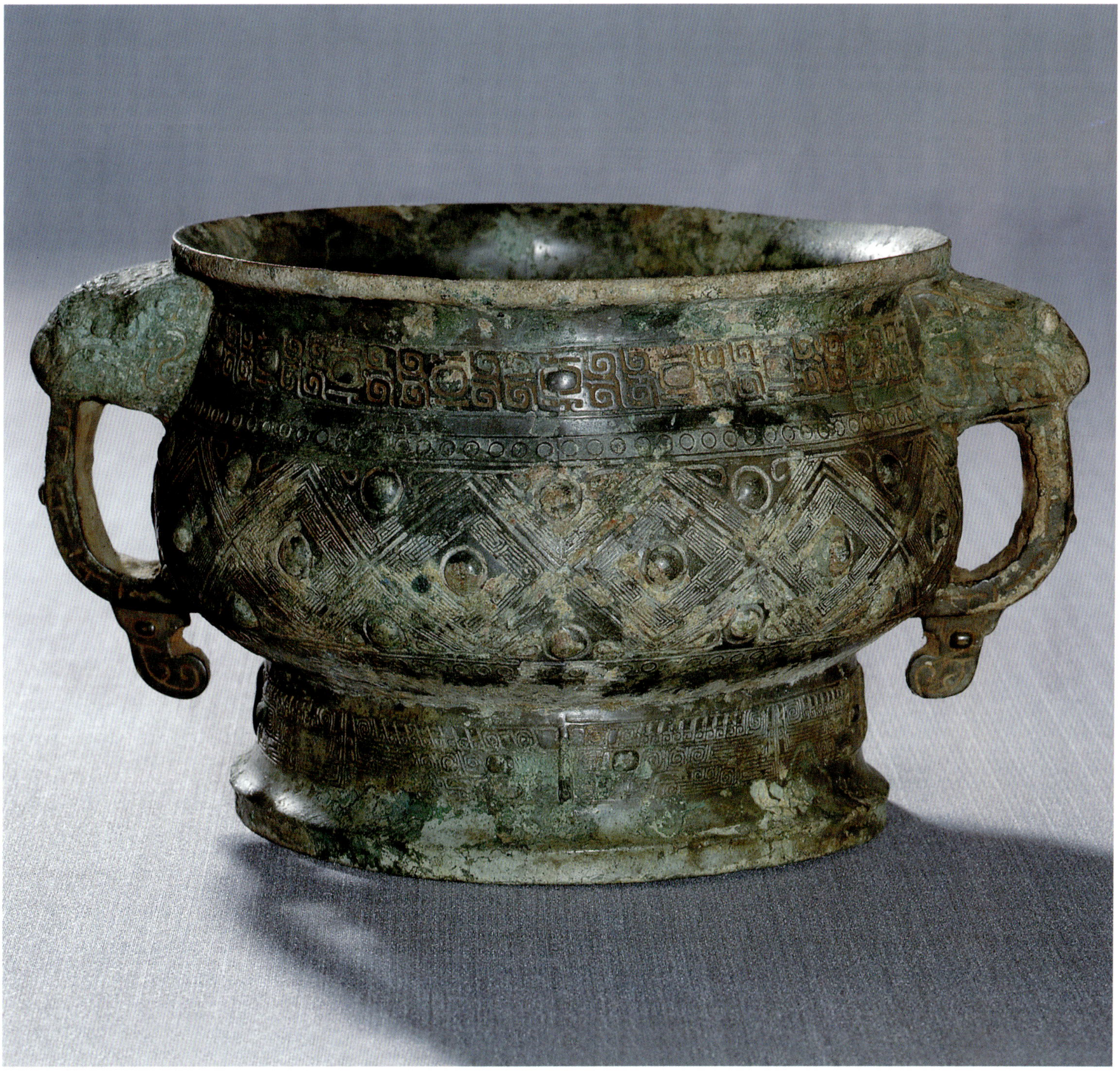

三九　百乳雷紋簋　西周早期

四〇　回首龍紋簋　西周早期

四一　伯簋　西周中期

四二　晋侯㫚簋　西周中期

四三　叔氏簋　西周晚期

四四　菱形紋盂　西周中期

四五　晉侯𩋿盨　西周晚期

四六　晉侯𩋿盨　西周晚期

四七　弦紋盉　西周早期

四八　橫條紋觶　西周早期

四九、五〇　晉侯㫚壺　西周中期

五一　楊姞壺　西周晚期

五二　楊姞方座筒形器　西周晚期

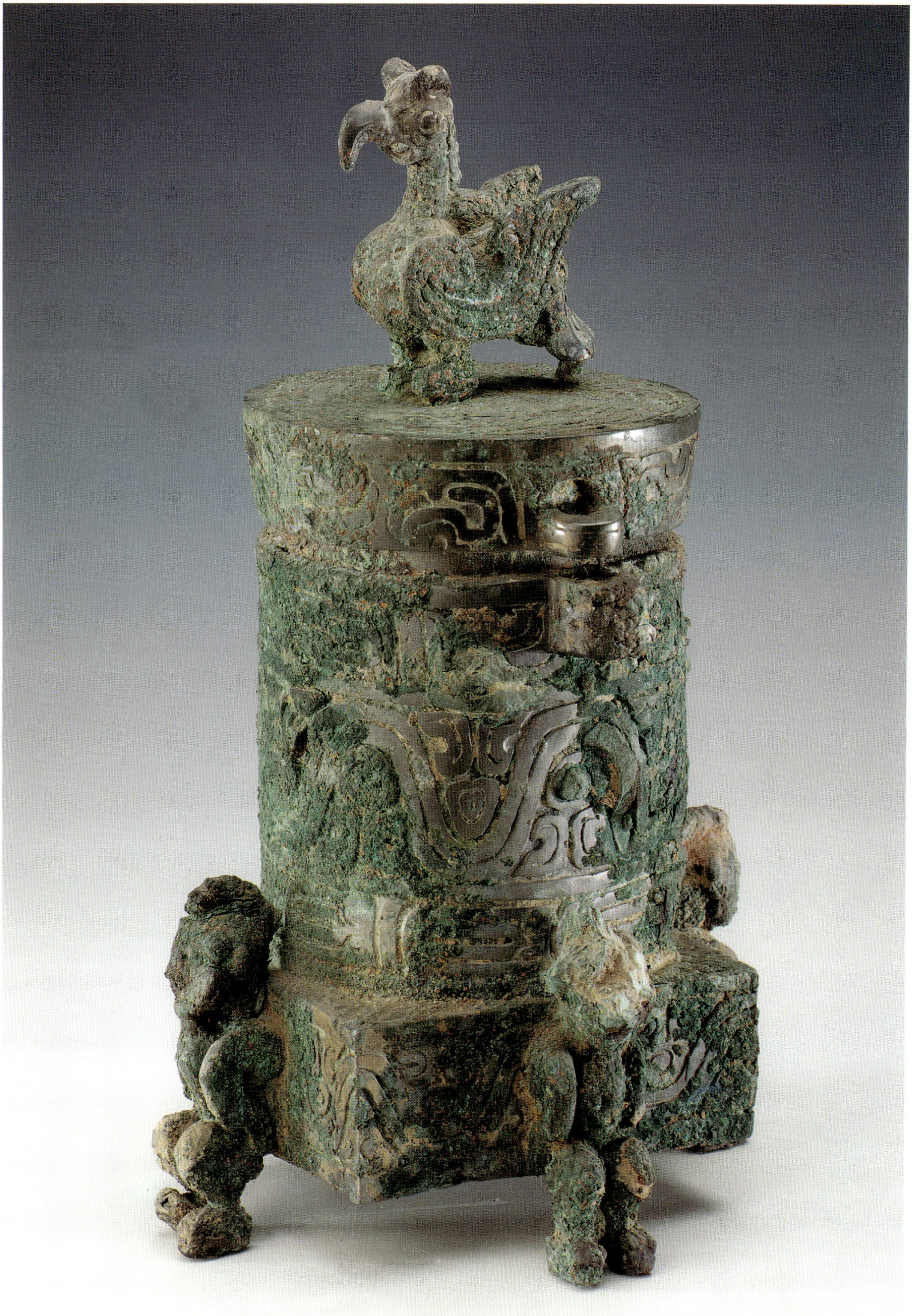

五三　兔形尊　西周中期

五四　兔形尊　西周中期

五六　龍紋卣　西周早期

五五　獸面紋卣　西周早期

五七　晉侯穌鐘　西周厲王

五八—六一　人形足攀龍盒　西周晚期

六二　筍侯盤　西周中期

六三　筍侯匜　西周中期

六五　鲁宰駟父鬲　西周晚期

六四　鲁侯熙鬲　西周早期

六六　魯仲齊甗　西周晚期

六七　鲁伯大父簋　西周晚期

六八　鲁伯悆盨　西周晚期

六九、七〇　侯母壶　西周晚期

七一　鲁侯尊　西周康王

七二　魯司徒仲齊盤　西周晚期

七三　魯司徒仲齊匜　西周晚期

七四　郱伯鬲　西周晚期

七五　百乳龍紋方鼎　西周早期

七六　滕侯方鼎　西周早期

七七　滕公鬲　西周早期

七八　滕侯簋　西周早期

七九　不嫈簋　西周晚期

八〇　變形獸面紋盤　西周晚期

八一　象鼻形足方鼎　西周早期

八二　齊仲簋　西周早期

八三　齊叔姬盤　西周中期

八四、八五　齊侯匜　西周晚期

八六　紀侯簋　西周中期

八七　紀侯壺　西周晚期

八八　蝨仲壺　西周中期

八九　啓尊　西周中期

九〇　啓卣　西周中期

九一　䇲小子簋　西周中期

九三　敔簋　西周中期

九二　應監甗　西周早期

九四　鴨形盉　西周中期

九五　應侯見工鐘　西周中期

九六　陳侯簋　西周晚期

九七　龍耳簠　西周晚期

九九　獸目交連紋簠　　西周中期

一〇〇　許季姜簋　西周晚期

一〇一—一〇三　晨肇宁角　西周早期

一〇四　向壺　西周晚期

一〇五　吕王鬲　西周晚期

一〇六　仲爯父簋　西周晚期

一〇七　鄂叔簋　西周早期

一〇八　鄂侯弟曆季卣　西周早期

一〇九　鄂侯弟曆季尊　西周早期

一一〇　曾伯文𨱓　西周晚期

一一一　楚公逆鐘　西周晚期

一一二　楚公冡鐘　西周晚期

一一三　北子𠘑鼎　西周早期

一一四　小臣尊　西周早期

一一五　小臣卣　西周早期

一一六　火龍紋罍　西周早期

一一七　虎形尊　西周中期

一一八　宜侯夨簋　西周康王

一一九、一二〇　公卣　西周中期

一二一　芮公鼎　西周晚期

一二二、一二三　獸面龍紋大鼎　西周早期

一二四　旟鼎　西周早期

一二五　師眉鼎　西周中期

一二六　㝬叔鼎　西周晚期

一二七　獸面紋方座簋　西周早期

一二八　蝸身獸紋方座簋　西周早期

一二九　六年琱生簋　西周中期

一三〇　弭叔師察簋　西周晚期

一三一、一三二　康生豆　西周早期

一三六、一三七　𤞷卣　西周早期

一三八　魚紋雙耳盤　西周晚期

一三九　宗仲盤　西周晚期

一四〇　虢文公子㪥鼎　西周晚期

一四一　虢宣公子白鼎　西周晚期

一四二　虢叔盂　西周晚期

一四三　虢季子白盤　西周宣王

一四四　虢叔旅鐘　西周晚期

一四五　虢叔旅鐘　西周晚期

一四六　散伯簋　西周晚期

一四七　散伯匜　西周晚期

一四八　矢王壶　西周早期

一四九　鳳紋方鼎　西周早期

一五〇、一五一　甲簋　西周早期

一五二　魚形尊　西周晚期

一五三　鳳紋卣　西周早期

一五四　伯方鼎　西周早期

一五五　伯𩛥方鼎　西周中期

一五七　井姬鼎　西周中期

一五六　平蓋獸面紋鼎　西周早期

一五八—一六〇　𢐗伯簋　西周早期

一六一、一六二　獸面紋方座簋　西周早期

一六三、一六四　牛首飾四耳簋　西周早期

一六五　火龍紋高圈足簋　西周早期

一六六　鏤空足鋪　西周中期

一六七　強伯鎣　西周中期

一六八　𢐗季尊　西周中期

BZM7:8

一七〇　鳥形尊　西周中期

一六九　伯各尊　西周早期

一七一　象形尊　西周中期

一七二　井姬貘形尊　西周中期

一七三、一七四　伯各卣　西周早期

一七五　𢐗季卣　西周中期

一七六　鳳紋筒形卣　西周早期

一七七　火龍獸面紋罍　西周中期

一七八　男相人像　西周中期

一七九　女相人像　西周中期

一八〇、一八一　人獸形軏飾　西周中期

一八二　人頭銎鉞　西周早期

一八三　丩鼎　西周早期

一八四　壆鼎　西周早期

一八五　父丁角　西周早期

一八六　徒遽𢋻盉　西周早期

一八七　火龍紋盉　西周早期

一八八　㑦伯尊　西周早期

一八九　父乙壶　西周早期

一九〇　古父己卣　西周早期

一九一　父癸壺　西周早期

一九二　㵒伯卣　西周早期

一九四　耳形虎含銎鉞　西周早期

一九三　𨻰伯卣　西周早期

一九五　人頭銎戟　西周早期

一九六　鏤空蛇紋鞘短劍　西周早期

一九七　龍紋禁　西周早期

圖版説明

一　柉禁

西周早期
禁長八七·六、寬四六、高一八·七厘米，禁上所置酒器最高四七厘米
一九〇一年陝西寶雞鬥雞台出土
美國大都會藝術博物館藏

這是目前出土銅禁和共存酒器均保存完整的唯一成套青銅器，具有較高的學術價值和欣賞價值。禁身爲一長方形台座，兩側有上下各四共八個長方形孔，兩端有上下各二共四個長方形孔，其間隔梁和邊框飾瘦長型尖角龍紋。台面平整，遺留有置放二卣一尊的痕跡。兩側的卣形制相近，通體兩側均有較寬的扉棱，其中蓋兩側呈聳角狀，主體紋飾爲鳳紋和直條紋，帶方座的通高四十七厘米，無方座的高四十六點四厘米。居中的尊，侈口，直腹，圈足，四面有扉棱，主體紋飾爲獸面紋，高三十四點八厘米。這三件較大的酒器，都鑄銘文「鼎」字。又有一勺，據云出土時在卣中。另有斝、盉、觚、爵、角各一件，觶四件和匕六件，均爲寶雞附近出土，有的可能與禁同出，但情況與二卣一尊及勺有所不同。

本圖由美國大都會藝術博物館供稿

二　𢦚方鼎

西周早期
通高五二、口縱三〇·六、口橫四〇·六厘米
一九七三年遼寧喀左北洞二號窖藏出土
遼寧省博物館藏

體呈長方槽形，直耳方唇，壁稍傾斜，四角有扉棱，柱足粗短。底的外表有十字形鑄紋，內面與四足相應部位呈圓窩狀。四壁上部均飾雷紋襯底的獸面紋，兩側和下部飾三列乳釘，中部光素。四足上部亦飾獸面紋，下部爲三周弦紋。內壁鑄銘文四行三十四字，記載作器者受到𢦚的賞賜，鑄造祭祀母己的這件方鼎。內底有銘「㠱侯亞矣」四字。

三　匽侯旨鼎

西周早期
通高二〇·四、口徑一六·九厘米
日本泉屋博古館藏

立耳方唇，分襠，柱足。腹飾雷紋襯底的獸面紋，以三足爲中心，形成三組。內壁鑄銘文四行二十一字，記載「匽侯旨初見事于宗周」，周王賜給貝二十朋，因而爲有姒製作此鼎。過去學者多主張旨爲第一代燕侯，目前多傾向于第二代燕侯。

本圖由日本泉屋博古館供稿

四　堇鼎

西周早期
通高六二、口徑四七厘米
一九七四年北京琉璃河二五三號墓出土
首都博物館藏

折沿方唇，兩立耳外侈，腹微鼓，三蹄足稍內收。口沿下及三足根部均飾獸面紋，分別以凸起的扉棱爲額鼻，形成上下相應的三組。內壁鑄銘文四行二十六字，記述匽侯命堇前往宗周向太保（召公奭）奉獻食品，太保賞給堇貝，堇爲太子癸作此鼎。

五　獸面紋鼎

西周早期
通高三六、口徑九·七厘米
一九七四年北京琉璃河二五一號墓出土
首都博物館藏

斂口方唇，立耳稍外侈，鼓腹，三蹄足。口沿下飾六組獸面紋，其中三組與足跟的獸面紋相應。各組獸面紋均以扉棱爲中心。腹部飾垂葉形變體獸紋。

六　鳳鳥紋鼎

西周中期

通高二三・四、口徑三九・一厘米

一九五五年遼寧喀左馬廠溝窖藏出土

遼寧省博物館藏

器身似盤。侈口淺腹，附耳，柱足。口沿下飾長冠鳳鳥紋一周。

七　圉方鼎

西周早期

通高三三、口縱一三、口橫一八・四厘米

一九七四年北京琉璃河二五三號墓出土

首都博物館藏

器體斷面呈圓角長方形。鼎身附耳弇口，垂腹柱足。蓋作淺盤狀，上有可却置的兩凹形把手。蓋緣和口沿下，有對應的雙體龍紋。蓋內和器底鑄內容相同的銘文三行十四字：「休朕公君，匽侯賜圉貝，用作寶尊彝」。此鼎形制與周原出土的𢦏方鼎接近。

八、九　伯矩鬲

西周早期

通高三〇・四、口徑二二・八厘米

一九七四年北京琉璃河二五一號墓出土

首都博物館藏

器身折沿方唇，直身斂口，束頸，袋足。頸部以扉棱分隔六段，每段飾一龍紋。三袋足均作牛頭形，牛角翹出器表。蓋面紋飾由兩個相背的牛頭組成，牛角同樣翹起，正中的蓋鈕則由兩個相背的立體牛頭組成。器身內壁和蓋內，鑄內容相同的銘文十五字：「在戊辰，匽侯賜伯矩貝，用作父戊尊彝」。此鬲設計精巧，鑄造精湛，是不可多得的藝術珍品。

一〇　圉甗

西周早期
通高四一、口徑二五·五厘米
一九七四年北京琉璃河二五三號墓出土
首都博物館藏

侈口立耳，耳作綯狀。束腰處內有半圓環，連接桃形箅。三足略作蹄形。甑部口沿下飾展體式羽脊虎頭紋一周。鬲部肩飾牛頭紋。腹內壁鑄銘文三行十四字：「王𠦪于成周，王賜圉貝，用作寶尊彝」。

一一　[犭+發]簋

西周早期
通高二二·三、口徑一九·二厘米
一九七四年北京琉璃河二五一號墓出土
首都博物館藏

同墓出土二件，形制、花紋和銘文相同。侈口，鼓腹，高圈足，下連方座。獸首半環形雙耳，有長方形垂珥。口沿下和圈足，飾火紋和龍紋。腹部和方座，飾獸面紋和鳳紋。器內底鑄銘文七字：「[犭+發]作文祖寶尊彝」。

一二　圉簋

西周早期
通高二九·八、口徑二四厘米
遼寧喀左小波汰溝出土
遼寧省博物館藏

侈口，鼓腹，高圈足，下連方座。獸首半環兩耳有長方形垂珥。腹部和方座均滿飾獸面紋。圈足飾龍紋。兩耳由獸首、虎等紋飾組成，獸首聳角翹嘴。腹內底鑄銘文三行十四字，內容與北京琉璃河西周墓出土的圉甗、圉簋相同。

一三　圉簋

西周早期

通高二六・二、口徑一二・八厘米

一九七四年北京琉璃河二五三號墓出土

首都博物館藏

蓋與器身扣合，近于球形。隆起的蓋有圈形捉手。器身鼓腹微垂，圈足下連方座，獸首雙耳有鈎狀珥。蓋、腹和方座，均飾獸面紋和倒立的龍紋，風格完全一致。口沿下和圈足則飾相同的龍紋。但蓋內和器底的銘文不同。蓋銘三行十四字，與同墓出土的圉甗、喀左小波汰溝出土的圉簋內容一致；器銘二行六字，爲「白魚作寶尊彝」。

一四　攸簋

西周早期

通高二八・五、口徑二〇・三厘米

一九七三年北京琉璃河五三號墓出土

首都博物館藏

隆起的蓋有圈形捉手。器身侈口，鼓腹。象首形雙耳，鼻端卷成垂珥。圈足下承三立虎形足。蓋和器身均滿飾雷紋襯底的長尾鳳紋。蓋內和器內底鑄內容相同的銘文三行十七字，記述匽侯賞給攸貝三朋，攸用以作父戊寶尊彝。

一五　伯簋

西周早期

通高二八・二、口徑一九・八厘米

一九七四年北京琉璃河二〇九號墓出土

首都博物館藏

蓋面隆起，上有圈形捉手和四條扉棱。器身侈口，鼓腹，圈足。鳥形雙耳，下連象首形垂珥，卷鼻着地成足，另二足亦作卷鼻象首形。蓋和器內底鑄內容相同的銘文：「伯作乙公尊簋」。

一六、一七　匽侯盂

西周早期
通高二四・三、口徑三三・八厘米
一九五五年遼寧喀左馬廠溝窖藏出土
中國歷史博物館藏

侈口，深腹，平底。圈足下緣有寬邊切地。兩附耳上部有橫梁與器身相連。器身紋飾以雷紋爲地，主體爲帶花冠的回顧式分尾龍紋，空隙處塡小型龍紋，圈足飾回顧式變形龍紋。器內壁有銘文五字：「匽侯作饙盂」，表明其爲燕侯的食器。

（馬秀銀）

一八　雙鈴俎

西周早期
長三三・五、寬一八、高一四・五厘米
遼寧義縣花爾樓窖藏出土
遼寧省博物館藏

器作几形。几面爲長方淺槽狀，下連相對的倒凹字形板足。板足間空檔兩端，各吊一扁形小鈴。板足面飾雷紋地的獸面紋。

攝影：孔立航

一九　未爵

西周早期
通高二二厘米
一九七四年北京琉璃河二五三號墓出土
首都博物館藏

器身修長，兩柱高聳，腹壁較直，圜底，三足外撇，半環形獸首鋬。腹部兩側飾獸面紋，流部飾相對的龍紋，均以雷紋襯底。鋬下鑄銘文一字，爲帶橢圓形邊框的「未」字。同墓出土相同的二件。

二〇　公仲觶

西周早期

通高一九·三、口徑一〇·八厘米
一九七四年北京琉璃河二五一號墓出土
首都博物館藏

器身侈口束頸，深腹下垂，圜底圈足。蓋面隆起，上有半環形鈕。蓋面和頸下，均飾聯珠紋爲邊界的連續式雷紋。圈足飾斜角目紋。蓋內和器底鑄內容相同的銘文三行十三字，記述「庶易（錫）貝于公仲」，用以製作此器。

二一　克盉

西周早期
通高二六·八、口徑一四厘米
一九八六年北京琉璃河一一九三號墓出土
北京琉璃河考古隊藏

器身侈口，方唇，前有管狀流，後有獸首鋬，鼓腹，分襠近平，四柱足。蓋有半環形鈕。蓋和鋬之間，以環鏈將其連接。蓋緣和器頸的紋飾，均爲扉棱爲中心的兩對鳥紋，并以雷紋襯地。蓋內和器口內側鑄內容相同的銘文六行四十三字，記述周王褒揚太保，「令克侯于匽」，授民授疆土的史事。同墓出土一件銘文內容相同的罍。這是關于燕國始封歷史的重要實物資料。

二二　鴨形尊

西周早期
通高四四·六、長四一·九厘米
一九五五年遼寧喀左馬廠溝窖藏出土
中國歷史博物館藏

器作鴨形。昂首扁喙，直頸，兩足直立有蹼。背有突起的杯形口。兩翼微突，頸以下又飾方格紋。臀下另設支柱。造型古樸，形態生動，別具風格。與匽侯盂、蟬紋盤等器同出。

（辛立華）

二三　蝸身獸紋罍

西周早期
通高四四・五、口徑一六・五厘米
遼寧喀左北洞村二號窖藏出土
遼寧省博物館藏

蓋面隆起，通體作盤龍狀，龍首翹起，前足蹲踞，周繞三長尾龍紋。器身侈口短頸，圓肩斂腹，高圈足。肩部兩側附獸首銜環耳，其間飾相對的蝸身獸紋。下腹飾獸面紋，近底處和圈足飾龍紋，均以雷紋襯地。下腹部又附牛首形鼻。

二四　蟬紋盤

西周早期
通高一一・五、口徑三二厘米
一九七四年北京琉璃河二五三號墓出土
首都博物館藏

斂口方唇，兩附耳，平底，高圈足。腹部耳際兩側，均以突起的獸首爲中心，排列相對的蟬紋。圈足以與獸首對應的扉棱爲中心，排列相對的鳥紋。蟬紋和鳥紋均有雷紋襯底。

二五　蟬紋盤

西周早期
通高一三、口徑三三厘米
一九五五年遼寧喀左馬廠溝窖藏出土
遼寧省博物館藏

敞口，深腹，平底，高圈足。口沿下和圈足分別以突出獸首和扉棱爲中心，飾相對的蟬紋一周。口沿下的蟬紋帶下緣，又有聯珠紋一周。

二六　人面形飾

西周早期

縱長一八·五、橫寬一七·六厘米
一九八六年北京琉璃河一一九三號墓出土
北京琉璃河考古隊藏

正面突起作人面形。彎眉秀目，闊鼻大口，兩耳較大，顴骨較高，鼻梁低平，下顎較寬，牙齒整齊，略作笑貌。雙目、鼻和齒間鏤空。前額和下顎的兩側，各有兩個小孔，以便固定。同墓出土四件。

二七　獸面形飾

西周早期
縱長二一、橫寬二二·三厘米
一九八六年北京琉璃河一一九三號墓出土
北京琉璃河考古隊藏

正面突起作獸面形。窄眉，圓目，寬闊鼻，大口，眼眶內凹，眼環外凸，眼孔甚大，鼻梁較低，鼻孔較大，口內兩排利齒，兩耳較小。前額、雙耳和下顎，均有圓形小孔，以便固定。同墓出土五件。

二八　康侯丰方鼎

西周早期
通高二七·八、口徑二〇·四厘米
台北故宮博物院藏

器身長方槽形，立耳稍侈，方唇折沿，細長柱足。四隅有山字形扉棱。四壁以扉棱爲中心，飾雙列式目紋和分解式外卷角獸面紋。內壁一側鑄銘文二行六字：「康侯丰作寶尊」，作器爲衛國始封之君、武王同母弟康叔封。

本圖由台北故宮博物院供稿

二九　衛夫人鬲

西周晚期
通高一〇·六、口徑一六·三厘米
南京市博物館藏

寬平緣，束頸圓肩，腹微鼓，襠近平，足呈蹄形。紋飾以三足肩部的扉棱爲中心，分列解體式變形獸面紋。寬平緣上鑄銘文一周十五字，表明其爲衛夫人文君叔姜所作器。

三〇　康侯簋

西周早期
通高二四、口徑四一厘米
一九三一年河南**濬**縣辛村衛侯墓地出土
英國不列顛博物館藏

侈口束頸，深腹微鼓，高圈足加寬邊。半環形雙耳，獸首翹鼻聳角，垂珥較長。器身紋飾，腹部爲單一的直條紋，頸和圈足爲火紋與四瓣目紋相間排列，頸部兩面中央又有突起的小獸首。器底鑄銘文四行二十四字，記述周王伐商，命康侯建國于衛地，**涾**司徒**逘**爲亡父製作此器。

本圖由英國不列顛博物館供稿

三一　涾伯逘壺

西周早期
通高三五·八、口徑二〇·六厘米
一九三一年河南**濬**縣辛村衛侯墓地出土
日本出光美術館藏

蓋頂隆起，有圈形捉手。器身直口，束頸，深腹下垂，圈足。頸部兩側有半環形鼻，連接帶獸首的提梁。兩面紋飾，腹部爲寬帶組成的田字形網絡，蓋緣和器頸爲龍紋，圈足鳥紋。蓋內和器底鑄銘文二行十一字，係**涾**伯**逘**爲亡父作器。此作器者，與康侯簋中的**涾**司徒**逘**係同一個人。傳世有同銘之壺二件。

本圖由日本出光美術館供稿

三二　魚父己卣（附枓）

西周早期
通高二〇、口徑九、枓長二一厘米
一九六一年河南鶴壁龐村西周墓出土

河南省博物館藏

蓋頂隆起，有圈形捉手。器口微侈，長頸，圓肩，鼓腹，圜底，圈足。肩上有一對半環形鼻，上連綯索狀提梁。通體光素無紋飾。蓋和器有相同的銘文：「亞雀魚父己」。另附一圜底杯形曲柄枓。

（王　瑋）

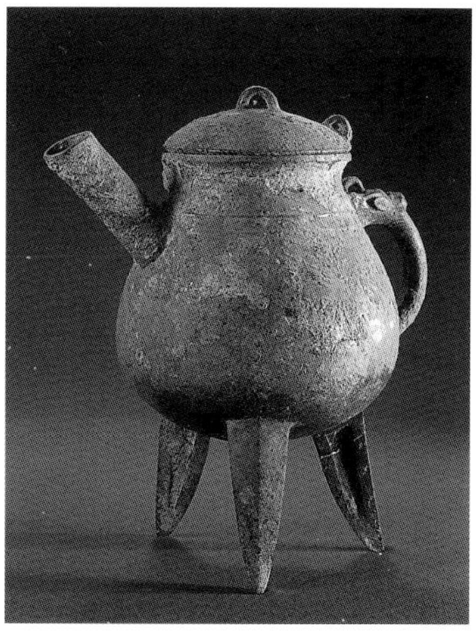

三三　弦紋盉

西周早期
通高二九厘米
一九六一年河南鶴壁龐村西周墓出土
河南省博物館藏

器身小口束頸，鼓腹圜底，前有管狀流，後有獸首鋬，下承三棱形錐足。蓋頂微隆，有半環形鈕。蓋與器間相連的環鏈已失，僅存各自的小鼻。全器素樸，頸部飾弦紋兩道。

三四　邢侯簋

西周早期
通高一八·五厘米
英國不列顛博物館藏

侈口，腹較淺而垂甚，圈足下有寬邊。四獸首耳，鉤狀垂珥。腹飾象紋，分別以對應的兩耳爲中心，兩象首相對（象尾相對于另兩耳）。圈足飾變體龍紋。器底鑄銘文八行六十八字，記述周王命令榮伯和內史，讓邢伯參與王朝政事幷賞賜三族奴隸，于是叩謝天子給予的厚福，作爲臣屬天子又掌管王令之人，便爲自己的先輩周公作此彝器。

本圖由英國不列顛博物館供稿

三五　邢季㚟卣

西周中期
通高二二·四、口徑一一·二厘米
日本泉屋博古館藏

器身斷面橢圓形，直口，圓鼓腹，圈足外撇并有寬邊。蓋兩端有犄角，頂有圈形捉手。提梁兩端呈獸首狀。器身頸部，兩側以突起的獸首爲中心，飾相對的長尾式長冠鳳紋。器腹和蓋的兩側，均飾相對的長尾帶翎鳳紋。全器紋飾均以雷紋爲地。蓋內和器底鑄銘文二行六字：「邢季夐作旅彝」。

本圖由日本泉屋博古館供稿

三六　成周鼎

西周早期
通高二〇·六、口徑一七·六厘米
一九八四年山西曲沃曲村六一九五號墓出土
北京大學賽克勒考古藝術博物館藏

立耳，垂腹，底近平，柱足。口沿下有六個扉棱，其間分布兩兩相對的三組以分尾龍紋組成的獸面紋。底部外表有弧線三角形合範痕跡。內壁一側鑄銘文「成周」二字。

攝影：孫之常

三七　冒鼎

西周中期
通高三〇·八、口徑二七·八厘米
上海博物館藏

立耳，折沿，口部略呈三角圓形，垂腹較寬，底近平，細柱足。口沿下飾回顧式龍紋一周，是典型的西周中期青銅鼎樣式。器腹內壁鑄銘文六行四十三字，記述冒受晉侯之命，追敵于倗，因軍功而受到晉侯的賞賜。銘末云「作寶簋」，當是冒鑄整套禮器，以簋銘統鑄于各器之上所致。

攝影：郭林福

三八　晉侯穌鼎

西周晚期
通高一九、口徑二四·八厘米

一九九二年山西曲沃北趙村晉侯墓地八號墓出土
山西省考古研究所藏

口微斂，折沿方唇，半球形腹，圜底，瘦蹄形足。兩附耳與口沿間有雙梁相連。口沿下飾長短相間的橫向鱗紋和凸起的弦紋一周。器內壁鑄銘文三行十三字：「晉侯穌作寶尊鼎，其萬年永寶用」。底部外表有煙炱及輕微磨損痕跡。

三九　百乳雷紋簋

西周早期
通高一三·六、口徑一八·二厘米
一九八〇年山西曲沃曲村六〇八一號墓出土
山西省考古研究所藏

侈口，束頸，鼓腹，獸面形雙耳，鈎形垂珥較小，圈足外撇并有寬邊。頸飾目雷紋，腹飾夾有聯珠紋的乳釘式雷紋，圈足飾羽脊展體式虎頭紋。

攝影：李建生

四〇　回首龍紋簋

西周早期
通高一七·八、口徑一八·四厘米
一九八二年山西曲沃曲村六一三〇號墓出土
北京大學賽克勒考古藝術博物館藏

侈口，束頸，鼓腹。兩獸首耳，垂珥較短。矮圈足有寬邊，下承三獸首蹄形足。口沿下兩側，均以突起的小獸首爲中心，飾相對的回顧式卷尾龍紋。圈足飾兩道弦紋。器內底鑄銘文「作登尊簋」四字。底部外表有方格形鑄造痕跡。

攝影：孫之常

四一　伯簋

西周中期
通高二五、口徑一九·一厘米
一九八二年山西曲沃曲村七二三號墓出土

北京大學賽克勒考古藝術博物館藏

蓋頂隆起，有圈形捉手。器身侈口，鼓腹，矮圈足有寬邊。兩兩相對的四隻象首形耳，以其長鼻作垂珥并延伸爲四足。器身紋飾以四耳爲中心，頸部飾相對的長尾鳥紋，腹部則爲細線和小圓點組成的簡化獸面紋。蓋上紋飾與腹部對應，亦爲四組簡化獸面紋。圈足飾目雷紋一周。蓋內和器底鑄銘文「伯作簋」三字。

攝影：孫之常

四二　晉侯昕簋

西周中期
通高三八·四、口徑二四·八厘米
一九九二年山西曲沃北趙村晉侯墓地八號墓出土
山西省考古研究所藏

蓋頂隆起，圈形捉手。器身斂口，束頸，深腹下垂，圜底，矮圈足連方座。兩側附有垂珥的獸首耳。紋飾簡練，除捉手內飾鱗紋環繞的鳥紋外，蓋和器身均爲溝紋與目雷紋相間，方座每面的上部和兩側亦飾目雷紋。蓋內和器底鑄銘文四行二十六字，表明該器爲晉侯昕所作，用以享孝「文祖皇考」。同墓出土基本相同的簋二件，以及方座殘片若干。

四三　叔氏簋

西周晚期
通高三七·二、口徑二四·五厘米
一九九三年山西曲沃北趙村晉侯墓地六四號墓出土
山西省考古研究所藏

蓋頂隆起，有圈形捉手。器身斂口，深腹微鼓，兩附耳，底近平，矮圈足連方座。蓋頂、器身和方座均飾直條紋，方座每面下部無紋處又有五、六個長方形孔。蓋內和器底鑄銘文四行二十四字，係「[將鼎]休」所作「朕文考叔氏尊簋」。同墓出土形制和花紋相同的簋四件。

四四　菱形紋盂

西周中期
通高一七・五、口徑二五・二厘米
一九八二年山西曲沃曲村七一七六號墓出土
北京大學賽克勒考古藝術博物館藏

斂口，折沿，收腹，平底。肩部有半環形鈕，幷各銜一圓環，其間飾一周重菱形紋帶。

攝影：孫之常

四五 晉侯𩋾盨

西周晚期
通高一七・八、口縱一三・五、口橫二一・四厘米
山西曲沃北趙村晉侯墓地二號墓出土
上海博物館藏

器爲長方形圓角，腹壁略下收，腹兩側設獸耳。蓋作長方形盝頂的形式，蓋鈕的形式與器足相同，均爲圓環形上有兩個長突。蓋壁及口沿飾回顧式龍紋一周，幷飾有橫條溝紋。這種形制的盨是以往盨類器物中從未見過的式樣。器蓋對銘六行三十字，記晉侯𩋾作此盨，用于狩獵。形制、紋飾及銘文均相同的晉侯𩋾盨共出土四件，上海博物館藏其中三器。

攝影：汪雯梅

四六 晉侯𩋾盨

西周晚期
高二二・二、口縱二〇、口橫二六・七厘米
山西曲沃北趙村晉侯墓地一號墓出土
上海博物館藏

器蓋相合作長橢圓體，附耳，耳與器身有兩根小橫梁相連結。蓋鈕作四個圓環形，每個鈕上飾四條單線勾勒的龍紋。四足作蹲式人形，手臂上舉五指甚長，以手托、頭頂負起盨身。四人形均爲巨目、高鼻、闊嘴，唇上有數個陰刻圓點以示髭鬚，足登厚底翹頭靴。這種形制的盨爲青銅器中僅見。蓋頂飾兩頭龍紋，蓋沿及口沿飾一周鱗紋，餘飾橫條溝紋。器蓋對銘三行二十四字，記晉侯𩋾作此盨。

攝影：郭林福

四七　弦紋盉

西周早期

通高一七、口徑一五·四厘米

一九八四年山西曲沃曲村六二一〇號墓出土

北京大學賽克勒考古藝術博物館藏

侈口，短流，束頸，分襠，袋足，牛首鋬。除頸部有一周弦紋外，通體光素。造型別致，前所未見。

攝影：孫之常

四八　橫條紋觶

西周早期

通高一五·三、口徑七·三厘米

一九八四年山西曲沃曲村六二一四號墓出土

北京大學賽克勒考古藝術博物館藏

蓋頂微隆，有半環形鈕。器身侈口，長頸，垂腹，圈足。蓋面和腹部均飾凸凹相間的橫條紋。蓋內和器底均鑄銘文「叔作新邑旅」五字。

攝影：孫之常

四九、五〇　晉侯斷壺

西周中期

通高六八·八、口縱一八、口橫二二·八厘米

一九九二年山西曲沃北趙村晉侯墓地八號墓出土

山西省考古研究所藏

器身斷面呈橢方形。平蓋，曲長頸，垂腹，圈足有寬邊。器口周圍立波帶狀鏤空華冠。蓋頂橫立山字形鏤空捉手。紋飾繁複華麗，蓋面飾交龍紋，口下和圈足飾目雷紋，頸飾波帶紋，腰飾鱗紋，腹飾絞結龍紋。兩耳作揚起長鼻的象首形，幷貫以大環。蓋內鑄銘文四行二十六字，內容與晉侯斷簋基本一致。同墓出土相同的壺兩件。

五一　楊姞壺

西周晚期

通高三五·八、口徑一二·四厘米
一九九三年山西曲沃北趙村晉侯墓地六三號墓出土
山西省考古研究所藏

蓋頂圈形較大。器身曲長頸，圓鼓腹，圜底，圈足外撇幷有寬邊。頸兩側附獸首套環耳。蓋緣、器腰和圈足均飾目雷紋，長頸飾波曲紋，腹部則爲横向的條紋與鱗紋相間排列。蓋下口外壁和器頸內壁，鑄內容相同而行款不同的銘文九字：「楊姞作羞醴壺永寶用」。同墓出土相同的壺兩件。

五二　楊姞方座筒形器

西周晚期
通高二三·一、筒徑九·一厘米
一九九三年山西曲沃北趙村晉侯墓地六三號墓出土
山西省考古研究所藏

上部圓筒形，有子母口與蓋扣合。平頂蓋上有立鳥形捉手，鈎喙，垂尾，兩足分立。蓋沿和口沿各有一對貫耳。下部方盒形，四面各附一人形足，兩兩對稱，裸體屈膝作背負狀。紋飾複雜，蓋面斜角雲紋，蓋沿和器口獸目交連紋，筒外波曲紋和鱗紋，方座波曲紋。

五三　兔形尊

西周中期
通高二二·二、長三一·八厘米
一九九二年山西曲沃北趙村晉侯墓地八號墓出土
山西省考古研究所藏

造型生動，形象逼眞。兔作匍匐狀，兩耳幷攏，腹部中空與背上突起的喇叭形口相通。足下有矮長方形座。兔身兩側有同心圓紋飾三周，由裏向外依次爲火紋、四目相間的斜角雷紋及勾連雷紋。

五四　兔形尊

西周中期

高一三·八、長二〇·四厘米
一九九二年山西曲沃北趙村晉侯墓地八號墓出土
山西省考古研究所藏

形態、紋飾與前件基本一致，唯背上無突起的喇叭形口，而是開圓角長方形口，并覆以與身渾然一體的環鈕蓋。

五五　獸面紋卣

西周早期
通高一八厘米
一九八〇年山西曲沃曲村六〇八一號墓出土
山西省考古研究所藏

扁圓形器體。蓋頂隆起，折沿明顯，圈形捉手細高。器身子母口，鼓腹，圈足有寬邊。蓋與器身兩端有較寬的扉棱。提梁兩端獸首有彎角，梁面飾蟬紋。蓋面和器腹飾沒有地紋的分解式外卷角獸面紋，蓋上獸面對向兩端，器身獸面對向兩側。蓋沿和圈足飾蠶紋。

攝影：李建生

五六　龍紋卣

西周早期
通高二一厘米
一九八〇年山西曲沃曲村六〇六九號墓出土
山西省考古研究所藏

扁圓形器體。蓋頂隆起，折沿明顯，捉手圈形。器身子母口，鼓腹，圈足有寬邊。提梁兩端獸首似鼠形，梁面飾蟬紋。蓋面、口下及提梁面，均飾龍紋。圈足飾兩道弦紋。

五七　晉侯穌鐘

西周厲王
高四九、銑間二九·九厘米

山西曲沃北趙村晉侯墓地八號墓出土
上海博物館藏

晉侯穌鐘共十六件，可分爲兩組，每組八件，其中十四件曾被盜運出境，後經上海博物館收回入藏，此爲晉侯穌編鐘中的第一件。按鐘的形制與紋飾，可分爲兩種式樣：四件較大，分別爲兩組的前二件，紋飾是由淺細的陽線構成的聯珠紋、雲雷紋等。這類鐘在形制上也不盡相同，第一組二件的甬上有旋和幹，第二組二件的甬上有旋而無幹。另十二件稍小，分別爲兩組的第三至八件，篆部飾變形獸體紋，鼓部飾雲雷紋，鼓右飾鸞鳥紋，紋飾峻深。十六枚鐘共刻鑿一篇三百五十五字的銘文，完整地記錄了西周厲王三十三年，晉侯穌率領其軍隊參加了一場由周厲王親自指揮的征伐東夷的戰爭，晉侯穌戰功卓著，多次受到周厲王的賞賜，晉侯穌因而作此編鐘。晉侯穌編鐘銘文內容爲史籍所闕，對研究西周歷史和晉國歷史極爲重要。全篇銘文用堅硬的金屬工具刻鑿而成，是西周青銅器上首見。全篇銘文末尾的兩件小鐘，一九九二年發掘出土，現藏山西省考古研究所。

攝影：汪雯梅

五八、五九、六〇、六一　人形足攀龍盒

西周晚期
通高九·三、長一九·二厘米
一九九三年山西曲沃北趙村晉侯墓地六三號墓出土
山西省考古研究所藏

器體扁長方形。頂部有兩扇可以開闔的小蓋，蓋面飾幾何形箭鏃紋和雙頭龍紋，其中一蓋附臥虎形鈕。四隅附雲形扉棱。四壁附回首龍形耳。較長兩面下部，均附兩人形足，裸體跪姿作背負狀，胸部飾變形獸面紋。

六二　筍侯盤

西周中期
通高一〇·一、口徑三六·二厘米
一九六一年陝西長安張家坡窖藏出土
陝西歷史博物館藏

窄方唇，腹稍深，高圈足有寬邊。盤壁和圈足均飾目雷紋。器底鑄銘文三行十二字：「筍侯作叔姬媵盤，其永寶用饗」。筍讀爲郇，文王子封國，在晉南臨猗縣境。

六三　筍侯匜

西周中期
通長三五、高一六·五厘米
一九七四年山西聞喜上郭村出土
山西省考古研究所藏

長槽形流，深腹圜底，下承四扁獸足，後有龍形鋬。口下飾橫向鱗紋，腹飾橫條紋。器底鑄銘文三行十四字，表明作器者爲筍侯。出土地與郇國地望（臨猗縣境）相距不遠。

六四　魯侯熙鬲

西周早期
高至口沿一七·一、口徑一四·五厘米
美國波士頓美術博物館藏

立耳深腹，分襠，袋足下又有柱足。除柱足部分外，通體飾分解式外卷角獸面紋，鼻梁與足相應形成三組，結構獨特，仍以雷紋爲地。內壁一側鑄銘文三行十三字，魯侯熙作此器以享亡父「文考魯公」。魯侯熙即魯煬公熙，「文考魯公」應指魯公伯禽。

本圖由美國波士頓美術博物館供稿

六五　魯宰駟父鬲

西周晚期
通高一一·二、口徑一六·二厘米
一九六五年山東鄒城棲駕村出土
鄒城市博物館藏

寬平緣，束頸圓肩，腹微鼓，襠近平，足呈蹄形。紋飾以三足肩部的扉棱爲中

心，分列解體式變形獸面紋。口部內側鑄銘文一周十五字，表明其爲魯宰駟父嫁女的媵器。

（鄭建芳）

六六　魯仲齊甗

西周晚期
通高四一．一、口徑三一厘米
一九七八年山東曲阜魯國故城望父台墓地四八號墓出土
曲阜市文物管理委員會藏

由甑和鼎兩部分組成的甗，在西周銅器中甚爲罕見。甑部斂口，折肩，斂腹，兩附耳。頸飾橫向鱗紋，腹飾波曲紋；底有九個十字形孔，周緣爲楔形子口。鼎部束頸，口作楔形母口，鼓腹，圜底，半筒形蹄足，光素無紋飾。甑部內壁鑄銘文四行十八字，表明作器者爲魯仲齊。

攝影：王書德

六七　魯伯大父簋

西周晚期
通高二五．四、口徑二六厘米
一九七〇年山東歷城北草溝出土
山東省博物館藏

蓋頂隆起，有圈形捉手。器身斂口，鼓腹，獸首形雙耳有垂珥，圈足下附三獸首形短足。捉手內飾變形鳥紋。蓋緣和口緣飾獸目交連紋，蓋和器的其餘部位飾橫條紋，圈足飾鱗紋。器底鑄銘文三行十八字，表明其爲魯伯大父嫁女「季姬嫱（嬉）」的媵器。

六八　魯伯悆盨

西周晚期
通高一九、口長三五、口寬一七．七厘米
一九七八年山東曲阜魯國故城望父台墓地三〇號墓出土
曲阜市文物管理委員會藏

器爲橢方體，弇口鼓腹，獸首雙耳，圈足四邊均有長方形缺口。蓋兩側四鈕略作矩形，中部又有一虎形鈕。口緣、蓋緣和圈足均飾獸體卷曲紋，腹和蓋又飾橫條紋。蓋上四鈕則爲變形龍紋。蓋內和器底鑄相同的銘文六行三十七字，表明其爲魯伯愈爲「皇考皇母」所作祭器。

（劉　安）

六九、七〇　侯母壺

西周晚期

通高三九、口徑一〇·二厘米

一九七八年山東曲阜魯國故城望父台墓地四八號墓出土

曲阜市文物管理委員會藏

器呈匏形，小口直領，圈足，兩側上下各有一鼻。蓋頂作蟠龍形，兩側各一小鼻。器身紋飾由上而下四段，依次爲象鼻龍紋、斜條紋、對稱式卷龍紋、斜條紋、鱗紋。蓋沿和壺領鑄相同的銘文一周十五字，表明此壺係侯母爲侯父戎製作。

（劉　安）

七一　魯侯尊

西周康王

高二二·二、口徑二〇·七厘米

上海博物館藏

大敞口，全器作逐層疊加的樣式，器底在方形器座的第一、二層之間。腹兩側置獸首耳，下有一段寬大的尾翼形裝飾，依器體的凹凸逶迤而下。此器造型僅此一見，舊稱爲簋，據器形，仍應屬于尊類。腹內底銘四行二十二字，記魯侯伐東國有功而作此器。

七二　魯司徒仲齊盤

西周晚期

通高一〇·三、口徑三八·六厘米

一九七八年山東曲阜魯國故城望父台墓地四八號墓出土
曲阜市文物管理委員會藏

淺盤，折沿，附耳外折，耳上飾臥牛；圈足下飾人形足，裸體蹲踞作背負狀。盤壁飾獸目交連紋，圈足飾鱗紋。盤底鑄銘文三行十五字，作器者魯司徒仲齊與同墓所出甗、匜爲同一個人，但甗未署官職。

攝影：王書德

七三　魯司徒仲齊匜

西周晚期
通高一九、長三六厘米
一九七八年山東曲阜魯國故城望父台墓地四八號墓出土
曲阜市文物管理委員會藏

長槽形流，深腹圜底，下承四扁獸足，後有龍形鋬。口下飾獸體卷曲紋，腹飾橫條紋。器底鑄銘文五行二十五字，表明此器係魯司徒仲齊爲亡父白走父製作。

七四　郳伯鬲

西周晚期
通高一一·三、口徑一五厘米
中國歷史博物館藏

器壁稍薄。口沿外折，束頸圓肩，分襠，袋足深及于底。頸部飾獸體卷曲紋一周。口沿鑄銘文十五字，表明其爲郳伯所作「媵鬲」。郳國故城在今山東鄒城附近。

（盛爲人）

七五　百乳龍紋方鼎

西周早期
通高一七·六、口縱一一·二、口橫一四·九厘米
一九八四年山東滕州莊里西村出土
滕州市博物館藏

器作西周早期典型的方鼎形制。體呈長方槽形，直耳方唇，腹壁傾斜，四隅有扉棱，柱足細長。四壁上部均以短小扉棱爲中心，飾相對的龍紋；左右兩側和下部飾三列乳釘；中部平素無紋。柱足根部飾獸面紋。內壁鑄銘文「作尊彝」三字。

（翟力軍、張　耘）

七六　滕侯方鼎

西周早期
通高二七、口縱一一·五、口橫一六厘米
一九八二年山東滕州莊里西村西周墓出土
滕州市博物館藏

器身斷面呈圓角長方形，子母口加蓋，蓋上置卷龍狀四小鈕，附耳，垂腹，柱足。蓋緣和器口下飾龍紋及鳥紋，腹部飾獸面紋。蓋內和器底鑄相同的銘文「滕侯作寶尊彝」六字。

攝影：王書德

七七　滕公鬲

西周早期
通高一七、口徑一三厘米
一九七八年山東滕州莊里西村出土
滕州市博物館藏

口沿外折，束頸，分襠，柱足。頸飾弦紋兩道，腹飾獸面紋三組。內壁鑄銘文二行七字：「吾作滕公寶尊彝」。

（翟力軍、張　耘）

七八　滕侯簋

西周早期
通高二二·五、口徑二〇·五厘米
一九八二年山東滕州莊里西村西周墓出土
滕州市博物館藏

圓唇，鼓腹，獸首形雙耳，耳下有鈎形珥，圈足連方座。頸部兩面中央飾突起的小獸首，其兩側及圈足飾龍紋，方座四周飾斜方格乳釘紋。這些主體紋飾，都以雷紋襯地。器底鑄銘文二行八字：「滕侯作滕公寶尊彝」。

（翟力軍、張　耘）

七九　不嬰簋

西周晚期
通高二六、口徑二三厘米
一九八〇年山東滕州後荆溝西周墓出土
滕州市博物館藏

此簋屬西周晚期習見形制。蓋頂有圈形捉手，子母口，鼓腹，獸首形雙耳，圈足外附伏獸形足。蓋飾橫條紋與獸目交連紋。器身飾橫條與獸體卷曲紋。圈足飾鱗紋。器底鑄銘文十二行一百五十一字，內容與傳世品不嬰蓋相同，所記與虢季子白盤爲同一次伐玁狁戰爭的延續。不嬰以偏師殲敵，多所「折首執訊」，因而受到白氏（即虢季子白）賞賜的「弓一、矢束、臣五家、田十田」，不嬰便爲「皇祖公白孟姬」製作此簋。

（翟力軍、張　耘）

八〇　變形獸面紋盤

西周晚期
通高一八·五、口徑三六·七厘米
一九八〇年山東滕州後荆溝西周墓出土
滕州市博物館藏

折沿方唇，淺腹，平底，圈足。兩耳作卷尾龍形。圈足附裸體人形足。腹壁和圈足均飾獸目交連紋。

（翟力軍、張　耘）

八一　象鼻形足方鼎

西周早期
通高二〇・四、口縱一一・六、口橫一四・九厘米
一九七九年山東濟陽劉台子出土
山東省文物考古研究所藏

折沿方唇，直耳，束頸，鼓腹，圜底，四足作象首形。頸部四角和中間有扉棱，飾相對的鳥紋。象首形足，竪目，闊嘴，大耳，卷鼻，額有火紋。內壁鑄銘文「夆」字。

（邵　雲）　攝影：王書德

八二　齊仲簋

西周早期
通高一九・九厘米
一九六二年山東招遠東曲城出土
煙台市博物館藏

侈口，束頸，鼓腹，獸首形雙耳有鈎形珥，圈足附三蹄形足。口沿下兩耳間有突起的小獸首，以及鳥紋。圈足飾兩道弦紋。器底鑄銘文二行五字：「齊仲作寶簋」。

（侯建業、黃美麗、湯巧雲）

八三　齊叔姬盤

西周中期
通高一四・五、口徑四六厘米
濟南市博物館藏

平沿方唇，淺腹，兩附耳高出器口，圈足低而外撇。通體飾獸目交連紋。器底鑄銘文四行二十二字：「齊叔姬作孟庚寶盤，其萬年無疆，子子孫孫永受大福用。」

（楊　波）　攝影：王書德

八四、八五　齊侯匜

西周晚期
通高二四·七、長四八·一厘米
上海博物館藏

此匜形制頗爲瑰偉，是現存青銅匜中較大的一件。通體飾溝紋。鋬作龍形，俯首曲體，口銜器沿，似作探水狀，龍背上起棱脊。此龍造型雄健，與偉岸的器體相適應，充分表現了裝飾與實用相結合的工藝設計特點。腹內底鑄銘文四行二十二字，記齊侯爲虢孟姬良女作此器。

八六　紀侯簋

西周中期
通高一九·四、口徑一七·七厘米
上海博物館藏

弇口直唇，圓肩深腹，圈足較低。蓋有子口與器相合。肩兩側有一對獸首銜環耳。蓋緣及器肩飾回顧式龍紋，腹飾橫條溝紋。蓋、器同銘三行十三字，記紀侯爲其女姜縈作此簋。紀爲周之侯國，其地在今山東境內。

八七　紀侯壺

西周晚期
通高三四·五、口徑六·六厘米
一九七四年山東萊陽前河前村出土
煙台市博物館藏

器呈匏形。直口，長頸，深腹，最大徑在下部，矮圈足。四獸首形鼻，兩在頸側，兩在近底處，相互交錯排列。全身紋飾六層，從上到下第一層三角紋內填龍紋，第二、四、六層波曲紋，第三、五層獸體卷曲紋。圈足則飾綯紋。器底外鑄銘文三行十三字：「己侯作鑄壺，使小臣以汲，永寶用。」

（侯建業、黃美麗、湯巧雲）

八八　㠱仲壺

西周中期
通高一四・八、口縱六・八、口橫八・四厘米
上海博物館藏

器呈橢方形，略垂腹，自蓋及腹置四道勾曲形棱脊。似觶，但自銘爲飲壺，其作用應與觶相同。蓋與腹飾變形卷龍紋，龍首省略。蓋沿與圈足飾蛇紋，口沿飾長喙鳥紋，間隔以浮雕形獸首。此器雖小，但鑄作精緻，器形與紋飾均極罕見。器、蓋同銘四行十四字，記㠱仲爲倗生作飲壺，祈求長壽和美德。

八九　啓尊

西周中期
通高一八厘米
一九六九年山東黃縣歸城小劉莊出土
山東省博物館藏

侈口，深腹下垂，圈足。頸部突起小獸首，并飾波曲紋一周。內底鑄銘文三行二十一字，記述啓從王南征，啓製作祖丁祭器。

九〇　啓卣

西周中期
通高二二・七厘米
一九六九年山東黃縣歸城小劉莊出土
山東省博物館藏

器呈橢圓體。蓋沿折邊，兩端犄角狀，頂有圈形捉手。器身垂腹，圈足有寬邊，提梁兩端有獸首。蓋頂周緣和器身頸部飾波曲紋，器身的波曲紋間也有突起的小獸首紋，紋飾結構與啓尊一致。蓋內和器底鑄相同的銘文，五行三十七字，記述周王出狩南土，啓從王征，製作祖丁祭器，銘文內容也與啓尊一致。

攝影：王書德

九一　筥小子簋

西周中期
通高一四·四、口徑二一·二厘米
上海博物館藏

侈口、腹壁較直，獸首耳有珥。口沿下飾變形獸體紋，圈足飾斜角對稱式變形獸體紋。器底鑄銘文四行二十五字，記筥小子作此簋。筥爲周初封國，其地在今山東境內。

九二　應監甗

西周早期
通高三四·五、口徑二二·五厘米
一九五八年江西餘干黃金埠出土
江西省博物館藏

甑、鬲兩部連體合鑄。甑部侈口，立耳，深腹。甑、鬲結合處有半環連箅，箅有五個十字形通氣孔及助提小環。鬲部分襠款足，下端呈柱狀。甑部口沿下飾火紋與四瓣目紋相間的花紋帶。鬲部款足飾高浮雕獸面紋。內壁鑄銘文「應監作寶尊彝」六字。應國始封之君係武王子、成王弟，故地在今河南寶豐縣境，應監可能是周王派遣的監國者。

（王　寧）

九三　敔簋

西周中期
通高二六、口徑二二厘米
一九八六年河南平頂山湋陽嶺九五號墓出土
河南省文物考古研究所藏

蓋頂隆起，有圈形捉手。器身直口，鼓腹，兩耳獸首聳角、有鈎形珥，圈足附突起的獸面形足。蓋面和腹部均滿飾波曲紋。蓋內和器底鑄內容相同的銘文五行二十七字，表明其爲「公作敔尊簋」。

九四　鴨形盉

西周中期
通高二六厘米
河南平頂山滍陽嶺應國墓葬出土
河南省文物考古研究所藏

器身與西周前期習見的四柱足盉近似，奇异的是流由鴨頭和頸組成，鋬作鴨尾形。鴨尾上附一牛首，牛首上又立一人。該人高髻長衫，雙手抱蓋環。蓋緣和器頸飾長冠卷尾鳥紋。蓋內鑄銘文五行四十四字，記述作器者獲得某公厚贈事。

九五　應侯見工鐘

西周中期
通高二四、銑寬一三厘米
一九七四年陝西藍田紅門寺出土
藍田縣文物管理所藏

此鐘屬西周中晚期習見形制，長腔實甬，有旋幹，鼓部較狹。篆部和隧部飾雷紋，右鼓有鳥形雙音標志。兩欒、鉦間及頂端舞側，鑄銘文三十九字，內容未完。日本書道博物館所藏應侯鐘，與此形制、紋飾相同，三十三字銘文與此連接，合爲全銘七十二字。銘文記述周王歸自成周，在宗周的康宮賞賜應侯彤弓、彤矢和馬，應侯便爲其皇祖鑄造這套大林鐘。根據西周中晚期編鐘的系統研究，這兩件應侯鐘，當爲全套八件的第七、八件。

（樊維岳）

九六　陳侯簋

西周晚期
高一二·四、口徑二〇厘米
上海博物館藏

侈口，淺腹略鼓，獸首耳垂珥。口沿下飾簡略式火紋，有浮雕的獸首居中，腹飾波曲紋。器底鑄銘文三行十七字，記陳侯爲其姬姓夫人作器。陳爲西周封國，地望在今河南省淮陽縣。

九七　龍耳簠

西周晚期
通高一七·五厘米
一九六三年山東肥城小王莊出土
山東省博物館藏

長方形器體。蓋與底完全相同，均作淺斗形，蓋沿有小獸首卡使其扣合牢固。蓋和底的四足爲疾走獸形，兩耳作卷尾拱背龍形，紋飾則爲獸體卷曲紋和象首紋。

（楊　波）　攝影：王書德

九八　陳侯壺

西周晚期
通高五一厘米
一九六三年山東肥城小王莊出土
山東省博物館藏

器體斷面呈橢方形。高蓋，圈頂。直口，長頸，象鼻形大套環雙耳，垂腹，最大徑近底，圈足有寬邊。紋飾素樸，腹部由層層疊起的寬帶構成田字形網絡，蓋緣、器頸和圈足則各有一道此種寬帶。蓋、器鑄相同的銘文三行十三字，表明其爲陳侯嫁女的媵器。

（楊　波）

九九　獸目交連紋簋

西周中期
通高一六·七、口徑二三·八厘米
一九七九年河南禹縣吳灣西周墓出土
河南省文物考古研究所藏

器呈盂形，喇叭口，深腹，高圈足外撇。頸兩側有銜環小鈕。頸部和圈足飾雷紋爲地的獸目交連紋。此種形制的銅簋所知甚少。同墓出土相同的兩件，另件器底顯露銘文二行八字：「諫作寶簋，用日食賓」。

攝影：王蔚波

一〇〇　許季姜簋

西周晚期
通高二五・五、口徑二一・二厘米
一九八五年內蒙古寧城小黑石溝石槨墓出土
赤峰市博物館藏

侈口方唇，鼓腹，獸首形雙耳高出器口，耳下有鈎狀垂珥，兩耳間又有前後對應的龍形鋬。圈足外撇有寬邊，并與方座連通，方座四面下部開方形缺口。紋飾較單純，除兩耳、兩鋬的獸身和龍身有斑紋外，通體飾淳厚的直條紋。器底鑄銘文三行十六字：「許季姜作尊簋，其萬年子子孫孫永寶用」。許國地望在今河南許昌附近，當時這件簋通過怎樣途徑傳至漠北，目前雖尚無從查考，却爲研究東胡民族與中原交往提供了新的資料。

（項春松）　攝影：孔　群

一〇一、一〇二、一〇三　晨肇宁角

西周早期
通高二八厘米
一九八九年河南信陽溮河港出土
信陽地區文物管理委員會藏

V字形口，深腹圜底，三棱錐足，獸首鋬，兩翼有扉棱。蓋頂有半環鈕和扉棱。蓋、腹飾雷紋襯底的獸面紋，足飾蟬紋。蓋和腹的內壁鑄相同的銘文三行十二字，表明其爲晨肇宁所作「父乙寶尊彝」。

攝影：王蔚波

一〇四　高壺

西周晚期
通高四〇・七、口徑一五・七厘米
一九五五年河南泌陽前梁河村出土
河南省博物館藏

高蓋圈頂，短頸，圓鼓腹，圈足。頸側有獸首大套環雙耳。蓋頂飾卷體龍紋，器頸飾波曲紋，腹部滿飾鱗紋，頸腹間、圈足及蓋緣飾横向鱗紋。蓋、器鑄相同的銘文十三字：「高自作旅壺，其萬年子子孫永用」。

一〇五 呂王鬲

西周晚期
通高一二·五、口徑一七·九厘米
上海博物館藏

寬平沿，直頸，淺腹，有魚鰭形棱脊，獸蹄形足。腹飾回首卷體的鳥紋，除鳥首外，鳥的體軀已蛻化變形。器口內緣鑄銘文一周十三字，記呂王作此鬲。呂爲周穆王所封姜姓之國，故址在今河南南陽縣西。

一〇六 仲爯父簋

西周晚期
通高二四、口徑二一·五厘米
一九八一年河南南陽北郊出土
南陽市博物館藏

蓋頂隆起，有圈形捉手。子母口，圓鼓腹，獸首雙耳有珥，圈足有寬邊和獸首小足。捉手內飾蟠龍紋，蓋緣和口緣飾獸目交連紋，蓋頂和器腹飾橫條紋，圈足飾鱗紋。蓋內和器底鑄相同的銘文四行四十四字，記南申伯的太宰仲爯父，爲其皇祖考徲（夷）王監伯製作此簋。姜姓申國爲炎帝之後，周宣王時改封「元舅」申伯于今河南南陽附近。此器作器者的皇祖考既爲夷王監伯，則其年代即應相當于宣王時期。

（崔慶明） 攝影：王蔚波

一〇七 鄂叔簋

西周早期
通高一八·五、口徑一八·二厘米
上海博物館藏

淺腹高圈足，下連方座，腹置四個獸首垂珥耳。圈足底部懸一小鈴，鈴中有舌，搖之發音清越。口沿飾火紋，間隔以回首曲體的龍紋，圈足飾四組曲折角獸面紋。方座面之四角飾牛頭紋，方座四壁，各飾相對的長冠鳳紋。腹內底鑄銘文六字，記鄂叔作此簋。鄂之地望見之于甲骨刻辭，約在今河南沁陽附近。《史記·殷本紀》載帝辛時有鄂侯，此鄂叔或爲其後裔。

一〇八　鄂侯弟曆季卣

西周早期
通高二一·八、口縱一一·三、口横一三·八厘米
上海博物館藏

高頸，垂腹，頸部前後各置一個半圓形環鈕，似爲安裝提梁之用。腹部一側設龍首鋬。全器除數道弦紋外，別無其他紋飾。此種形式的青銅容酒器甚爲少見。器蓋對銘二行八字「鄂侯弟曆季作旅彝」。腹側亦設一鋬。此卣與後隨州安居出土的同銘尊爲同組酒器，或亦出土于湖北隨州。

一〇九　鄂侯弟曆季尊

西周早期
通高一九·五、口徑一七—一八厘米
一九七五年湖北隨州安居鎮羊子山出土
襄樊市博物館藏

侈口，長頸，腹微鼓，圈足，一側設龍首形鋬。全器除數道弦紋外，別無其他紋飾。器底鑄銘文二行八字「鄂侯弟曆季作旅彝」。此尊與前同銘卣風格一致，爲同組酒器。

攝影：潘炳元

一一〇　曾伯文⿰金霝

西周晚期
通高三六、口徑一五·五厘米
一九七〇年湖北隨州熊家老灣出土
湖北省博物館藏

器身小口，廣肩，斂腹，平底。除肩部飾卷體龍紋一周，并有對稱的龍形環耳外，器身無其他紋飾。蓋頂隆起，中部爲昂首聳角的雙身龍，周圍環繞四條小龍。口沿鑄銘文一周十二字，表明其爲曾伯文所作⿰金霝。

（劉家林）

一一一 楚公逆鐘

西周晚期
通高五一、銑間二八．八厘米
一九九三年山西曲沃北趙村晉侯墓地六四號墓出土
山西省考古研究所藏

同墓出土八件一套。鐘體長腔封衡。甬的斷面呈方形，有旋和幹，旋飾目雷紋。舞部兩面微下傾，飾寬帶卷雲紋。鉦、篆、枚部位之間，隔以夾有乳刺的雙陰線，枚爲平頂兩段式，篆飾長脚蟬紋。隧部飾龍、鳳、虎紋糾結圖案，兩組對稱排列。右鼓以長耳鱗身獸形爲基音點標志。鉦部和左鼓鑄銘文六十八字，記述楚公逆爲祭祀其先高祖考，向四方首領徵求祭品，四方首領貢納赤銅九萬鈞，楚公逆用以製作一百套諧和、精美的編鐘。這是西周金文中關于用銅的最高記錄。宋代金文書中曾著錄一件楚公逆鎛，有關學者公認作器者爲熊咢。年代相當于周宣王時期。新出土的這套楚公逆鐘，不僅使正確釋讀宋人著錄的銘文有了可靠的參證，得以訂正所謂鎛銘實爲鐘銘，而且將楚晉交往的歷史由春秋前期提早到西周晚期。

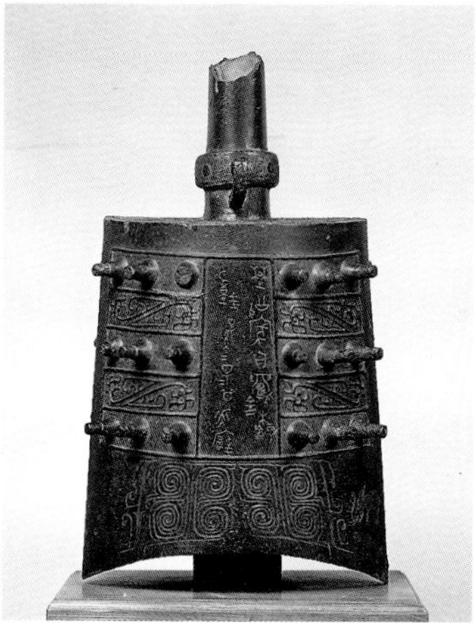

一一二 楚公冢鐘

西周晚期
通高四四．一厘米
日本泉屋博古館藏

鐘體長腔空甬，甬的斷面呈圓形，有旋和幹，旋飾目雷紋。鉦、篆、枚之間隔以微凸的弦紋，枚爲平頂兩段式，篆飾相顧式兩頭龍紋。隧部飾交疊式雷紋，右鼓以象紋爲基音點標志。鉦間鑄銘文十四字：「楚公冢自鑄錫鐘孫孫子子其永寶」。泉屋博古館所藏另二件楚公冢鐘，篆間飾雷紋，以鳥紋爲基音點標志，鉦間銘文稱「自作寶大林鐘」，與此鐘并非同套。郭沫若在《兩周金文辭大系》一書中，考訂楚公冢爲熊咢之子熊儀，相當于幽王時期，即略晚于楚公逆鐘。三件楚公冢鐘的形制和紋飾，均與陝西出土的西周鐘基本一致，而與楚公逆鐘有所不同。

本圖由日本泉屋博古館供稿

 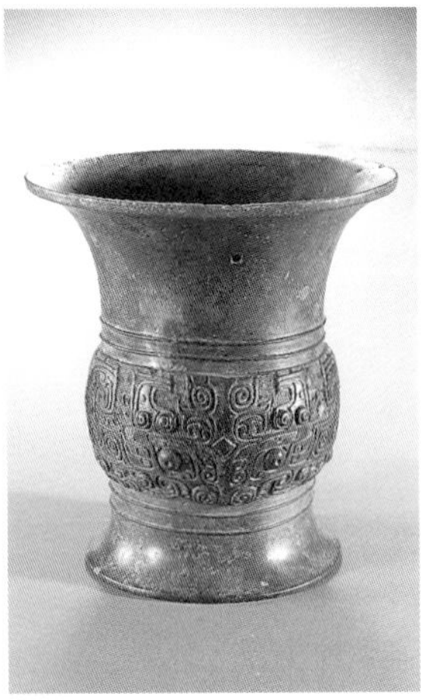 

一一三　北子冄鼎

西周早期

通高一九·七厘米

一九六一年湖北江陵萬城出土

湖北省博物館藏

方唇直耳，垂腹，圜底，柱足。口沿下飾獸面紋一周及弦紋兩道。內壁鑄銘文「北子冄」三字。

一一四　小臣尊

西周早期

通高二〇·一、口徑一八·五厘米

一九六一年湖北江陵萬城出土

湖北省博物館藏

侈口，鼓腹，高圈足。腹部飾獸面紋，上下各有兩道弦紋。器底鑄銘文二行「小臣作父乙寶彝」七字。

一一五　小臣卣

西周早期

通高二四·二厘米

一九六一年湖北江陵萬城出土

湖北省博物館藏

扁圓形器體。蓋頂較高，折沿明顯，有圈形捉手。器身子母口，圓鼓腹，圈足外撇。提梁兩端呈獸首形。蓋緣和器頸飾相對的虎耳龍紋，器頸又有突起的小獸首居中。圈足飾雙列式目紋。蓋內和器底鑄相同的銘文「小臣作父乙寶彝」七字。

一一六　火龍紋罍

西周早期

通高三一·五厘米

一九六一年湖北江陵萬城出土

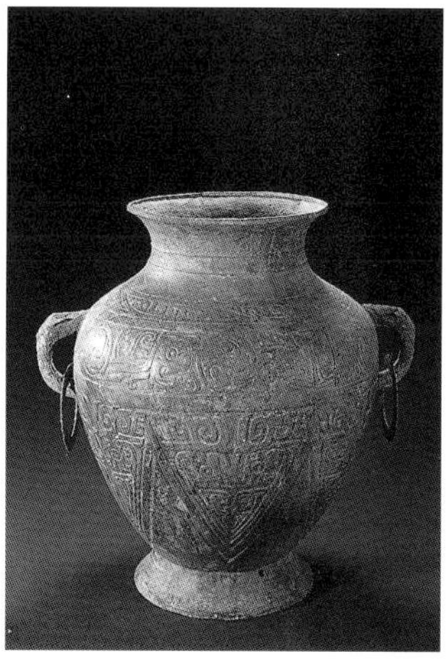

湖北省博物館藏

侈口，束頸，廣肩，斂腹，圈足外撇。肩部有對稱的獸首大套環雙耳。除頸和圈足均飾兩道弦紋外，其餘部位由上而下肩部飾斜角式目紋帶、火紋與龍紋相間紋帶，腹部飾內塡卷角龍紋的三角紋。

一一七　虎形尊

西周中期
通高二一·八、長三五厘米
一九九三年湖北江陵江北農場出土
荊州地區博物館藏

此器造型生動，獨具特色。虎形昂首豎耳，切齒瞪眼，頸有扉棱，空腹與口相通，四肢挺立，短尾上卷。背上有蓋，以鳥形鈕與身相連。腹下飾網格紋，四肢根部飾大渦雲紋，其他部位則飾雙陰線虎斑紋。

（彭　浩）

一一八　宜侯夨簋

西周康王
通高一五·七、口徑二二·五厘米
一九五四年江蘇丹徒煙墩山出土
中國歷史博物館藏

平口方唇，淺腹微鼓，四獸首形耳，高圈足有四扉棱與耳相應。腹壁紋飾，兩耳間排列二火紋與回顧式龍紋，周圍共有四組。圈足紋飾，兩扉棱間排列一對分尾龍紋，周圍也有四組。器底鑄銘文十二行約一百三十字（其中十六字殘泐不清）。銘文內容大致可分三段：第一段，記周康王省視武王、成王伐商圖和東國圖，并在宜地舉行祭祀活動；第二段，王册封夨于宜地爲宜侯，賞賜以禮器、土田和奴隸；第三段，宜侯夨頌揚王的美德，製作此器以紀念亡父虞公。唐蘭所作考釋以爲，被徙封于宜的虞侯夨，即吳國事實上的始封之君周章（《宜侯夨簋考釋》，《考古學報》一九五六年二期）。此簋銘文是有關周初分封制度和江南開發的重要資料。

（馬秀銀）

一一九、一二〇　公卣

西周中期
通高二三、口長一二·八、口寬一〇·二厘米
一九六五年安徽屯溪弈棋三號墓出土
安徽省博物館藏

扁圓形器體。蓋頂隆起，兩端有犄角，圈形捉手，蓋緣不折邊，呈圓弧狀。器身較矮，垂腹甚低，圈足外撇。提梁兩端有獸首，梁面飾蟬紋。器身頸部有突起的小獸首，兩側飾回顧式龍紋；蓋和腹部飾風格一致的回顧式長冠鳳紋。長冠逶迤，彼此交纏，頗爲精美。蓋內和器底鑄相同的銘文二行十字：「公作寶尊彝，其子孫永用」。

一二一　芮公鼎

西周晚期
通高三一·三、口徑三四厘米
日本出光美術館藏

折沿，斂口，垂腹，附耳，三空心蹄足。頸部飾獸體卷曲紋，腹部飾波曲紋。內壁鑄銘文三行十一字：「芮公鑄飤鼎子孫永寶用享」。芮國地望在今陝西東部。

本圖由日本出光美術館供稿

一二二、一二三　獸面龍紋大鼎

西周早期
通高一二二、口徑八三厘米
一九七九年陝西淳化史家塬西周墓出土
淳化縣文物管理所藏

這是目前所知體積最大的西周時期銅鼎，形制魁偉，造型別致，是不可多得的青銅工藝精品，突出地反映了當時鑄造業的發展水平。此鼎平沿方唇，直耳碩大，腹壁較直，蹄足粗壯。器底與三足相應處，分別有直徑十八點五、深十七厘米的圓窩。兩耳外側飾相對的卷尾鹿角龍紋。口沿下飾六條龍紋，兩兩相對，中隔短扉

呈獸面狀。短扉下有突起的牛首。三足根部作獸面狀。腹部與足相應處，有三個獸首卷舌大鋬，既供搬動之用，又富裝飾意義。

一二四　旟鼎

西周早期
通高七七、口徑五六·五厘米
一九七二年陝西郿縣楊家村出土
陝西歷史博物館藏

直耳微侈，斂口方唇，鼓腹，蹄足。器底與三足相應處，分別有直徑十一點五、深約四厘米的圓窩。兩耳外側均飾相對的卷尾龍紋。口沿飾六組獸面紋，均雷紋襯地，並以短扉爲中心。三足根部亦作獸面形。內壁鑄銘文四行二十八字，記述八月初吉日王姜賞賜旟三大片田地，因而製作此鼎。

一二五　師眉鼎

西周中期
通高二三·二、口徑二〇厘米
傳光緒年間陝西鳳翔出土
南京博物院藏

直耳微侈，方唇折沿，鼓腹，柱足。口沿下飾三組相對的長尾鳥紋。內壁鑄銘文五行二十八字，記述師眉作爲外邦薦于王的「周客」，受到五朋貝的賞賜，便製作兩件鼎兩件簋，用以享孝其「帝考」。傳世另有師眉簋，銘文與鼎相同。

攝影：郭　群

一二六　[甚夫]叔鼎

西周晚期
通高五〇厘米
一九七三年陝西藍田草坪出土
藍田縣文物管理所藏

平沿方唇，附耳，腹微鼓，蹄形足。口沿下雙耳兩側紋飾酷似獸面紋，實際是以扉棱爲中心對稱排列的兩組單列式目紋。三足根部飾獸面紋。內壁鑄銘文五行四十八字，記述⿰甚夫叔、信姬夫婦鑄造此鼎，用以祭祀文祖考。　（樊維岳）

一二七　獸面紋方座簋

西周早期

通高二九・五、口徑二二・四厘米

一九七七年陝西隴縣韋家莊出土

寶雞市博物館藏

侈口平唇，鼓腹。雙耳獸首形，聳角高出器口，下垂長珥。圈足有寬邊，下連方座。器腹兩面中間有扉棱直達圈足。圈足另有兩短扉，與兩珥相應。方座四面和器腹均飾獸面紋。圈足則飾四組獸目交連紋。

一二八　蝸身獸紋方座簋

西周早期

通高三四・五、口徑二一・五厘米

一九七一年陝西涇陽高家堡一號墓出土

陝西歷史博物館藏

同墓出土二件。方座，深腹，圈足。雙耳作獸首形，聳角高出器口，下垂長珥。腹部兩面和方座四面，均飾相對的蝸身獸紋，圈足飾蠶紋，通體又以雷紋襯底。

一二九　六年琱生簋

西周中期

通高二二・二厘米

中國歷史博物館藏

這件簋的造型別致，甚爲罕見。另有形制大小相同的五年琱生簋，早年流失美國，現藏耶魯大學博物館，較此完整。器體侈口淺腹，腹壁較直，底稍收斂，圈足

高于器體而外撇。鳥獸形雙耳較粗壯，五年簋耳下有外折的垂珥，長度與耳相當，六年簋垂珥殘損。通體飾寬帶組成的變體獸紋。器底鑄銘文十一行一百零五字，內容與五年簋前後銜接。該簋記述琱生與其父輩公氏之附庸土田設減應貢的田賦，請求君氏減免并得到職掌的伯氏同意。此簋則記述擬減免部分應繳的積獲得解決。由于兩簋銘文都提到召伯虎參與其事，過去曾將其命名爲「召伯虎簋」，實際上作器者爲琱生，因而久已訂正爲「琱生簋」。

攝影：孫克讓

一三〇　弭叔師宋簋

西周晚期
通高二六·六、口徑二四厘米
一九五九年陝西藍田寺坡出土
藍田縣文物管理所藏

蓋有圈形捉手。器身弇口，鼓腹，獸首形垂珥雙耳，圈足附三小足。蓋緣、口下及圈足，均飾獸體卷曲紋，其他部位則飾橫條紋。蓋內和器底鑄銘文七行七十二字，記述周王在葊京太室册命弭伯師宋，賞賜禮服（赤舄）和馬具（攸勒），弭伯拜謝天子恩德，製作紀念自己文祖的寶簋。弭國地望與藍田相去不遠。

（樊維岳）

一三一、一三二　康生豆

西周早期
通高一五·一、口徑一五·五厘米
山西省博物館藏

豆盤直壁方唇，口沿外有凸棱。圈足較高，下部作喇叭狀。盤下有繫鈴的鈕（鈴已失）。腹足一側有弧形獸首鋬。盤壁紋飾爲火紋與卷體龍紋相間排列。圈足根部飾相顧式兩頭龍紋，下部飾蕉葉狀外卷角獸面紋。盤底鑄銘文二行十字：「康生作文考癸公寶尊彝」。

一三三　鳳紋壺

西周晚期
通高五八・五厘米
日本根津美術館藏

蓋頂隆起，圈形捉手。器身直口，長頸，獸首形大套環雙耳，鼓腹，圈足有寬邊。整個蓋頂和器腹兩面，以平素寬帶構成田字形網絡。其間每一空格及器頸，均飾花冠鳳紋。口下飾三角形獸體紋，圈足飾斜角式目紋。

本圖由日本根津美術館供稿

一三四、一三五　戈五卣

西周早期
通高二五、口長一〇・二、口寬七・九厘米
一九七一年陝西涇陽高家堡一號墓出土
陝西歷史博物館藏

扁圓形器體。蓋頂隆起，折沿明顯，菌狀捉手。器身子母口，提梁兩端獸首聳立扁角，梁面飾方格紋。深腹外鼓，圈足外撇。蓋頂和器腹飾獸面紋。蓋緣、口下和圈足，飾分體龍紋。蓋內與器底鑄銘文「戈五」二字。

一三六、一三七　鈇卣

西周早期
通梁高三六、口長一四・八、口寬一一・六厘米
一九七一年陝西涇陽高家堡一號墓出土
陝西歷史博物館藏

此器形制與前件戈五卣基本一致，惟蓋頂增設四條扉棱，紋飾則完全不同。蓋頂和器腹的主體紋飾爲蝸身獸紋，蓋緣和圈足飾成對的多齒卷角龍紋，器口下飾雙身龍紋，提梁面飾回顧式兩頭龍紋。蓋內銘文「鈇作父戊尊彝，戈」七字，器底銘文「[illegible]」一字。

一三八　魚龍紋盤

西周晚期
通高一二・五、口徑三六・六厘米
一九三〇年江蘇儀徵破山口出土
南京博物院藏

敞口窄唇，兩附耳，腹圜收，底近平，圈足稍高。盤底飾蟠龍紋，周繞魚紋。器表飾龍紋。

攝影：郭　群

一三九　宗仲盤

西周晚期
通高一五、口徑三五・五厘米
一九七四年陝西藍田指甲灣出土
陝西歷史博物館藏

此盤形制與西周晚期習見的附耳圈足淺腹盤有所不同。方唇，平沿，深腹，前有敞口流，後有龍形鋬，圈足稍高并有寬邊。口下及圈足飾橫向鱗紋，腹部飾橫條紋。盤底鑄銘文二行六字：「宗仲作尹姞盤」。

一四〇　虢文公子㲃鼎

西周晚期
通高二八・九、口徑三一・四厘米
旅順博物館藏

平沿方唇，立耳，半球形腹，底近平，蹄足。口沿下飾獸目交連紋，腹飾波曲紋，間隔以弦紋。內壁鑄銘文四行二十字，表明其爲虢文公子㲃所作叔妃鼎。

（王振芬）　攝影：張邦義

一四一 虢宣公子白鼎

西周晚期
通高三三、口徑三二厘米
北京頤和園管理處藏

此鼎形制與虢文公子伇鼎相仿。平沿方唇，立耳，半球形腹，蹄足。頸飾獸目交連紋，腹飾鱗紋，間隔以弦紋。內壁鑄銘文五行二十七字，表明其爲虢宣公子白所作用以享孝皇祖考之器。

（許克顯） 攝影：姚天新

一四二 虢叔盂

西周晚期
通高一八·八、口徑三四·七厘米
山東省博物館藏

器作盆形，侈口折沿，圓肩上有獸首雙耳，斂腹平底。肩部飾斜角式目雷紋。器底鑄銘文「虢叔作旅盂」五字。

（楊　波）

一四三 虢季子白盤

西周宣王
通高三九·五、口長一三七·二、口寬八六·五厘米
傳清道光年間陝西寶雞虢川司出土
中國歷史博物館藏

這是目前所知體積最大的西周銅器。形似碩大的浴盆，器口圓角長方形，平唇折沿，深腹下斂，平底，矩形四足。四壁各有兩個突起的獸首銜環，環作繩索狀。通體滿載紋飾，口沿下飾獸目交連紋，中隔突起的寬帶紋，再施大波曲紋。器底鑄銘文八行一百十一字，書體整齊秀美。銘文記述虢季子白奉周王之命，征伐北方強族玁狁，折首執訊，立下赫赫戰功，周王舉行慶功盛典，賜給子白乘馬、弓矢和鉞，使其輔佐周王征伐蠻方，因而製作此盤以爲紀念。銘文內容可與《詩經》的某些篇章印證，是研究西周晚期歷史的重要資料。

（馬秀銀）

一四四　虢叔旅鐘

西周晚期
通高六五·四、銑寬三六厘米
傳清末陝西寶雞虢川司出土，一說出長安河壖之中
故宮博物院藏

西周晚期的編鐘一般全套八件，虢叔旅鐘見于著錄的共有七件（缺第八件），現存五件。這是最大的一件。此鐘形制是西周鐘的常見樣式，長腔，封衡，有旋和幹，鼓部較寬，鉦、篆、枚間及周圍有微突的界欄，枚作平頂兩段式。紋飾也是當時的典型風格，甬部波曲紋和橫向鱗紋，旋上目雷紋，篆飾獸目交連紋，隧部鳥體式花冠龍紋。鉦間和左鼓鑄銘文十行八十六字，記述虢叔旅以其皇考（亡父）爲儀型，侍御于天子，製作這套編鐘紀念自己的皇考。八件的前四件均自爲全銘，後四件合爲全銘。

一四五　虢叔旅鐘

西周晚期
通高二六、銑寬一三·六厘米
傳清末陝西寶雞虢川司出土，一說出長安河壖之中
山東省博物館藏

此鐘的形制和紋飾同前，惟鼓右有鳥形基音點標志。鉦間和左鼓鑄銘文五行十七字，依前四鐘全銘推知其爲第七鐘，尚缺銘文十四字的第八鐘。（楊　波）

一四六　散伯簋

西周晚期
通高二三·一、口徑二一·一厘米
傳光緒年間陝西鳳翔出土
上海博物館藏

弇口垂腹，獸首銜環耳，圈足下接三條獸首足。通體飾溝紋。器蓋對銘三行十二字，記散伯爲矢姬作此簋。散盤銘記散、矢兩國劃界封樹之事，可知兩國相鄰。

一四七　散伯匜

西周晚期
通高一九·三、長二六·五厘米
上海博物館藏

腹飾橫條溝紋，口沿飾獸目交連紋，鋬作龍首形。腹內銘五字，記散伯作此匜，散爲西周畿內小國。

一四八　夨王壺

西周早期
通高一八·五、口縱六·八、口橫八·五厘米
上海博物館藏

蓋沿較高，垂腹。素體無紋，僅蓋邊及器口飾浮雕羊首。整體似卣而無提梁，且體形甚小，凡此種形式的小型容酒器，應是飲壺之屬，如眞仲壺、顯壺等，故定此器爲壺。器蓋對銘「夨王作寶彝」五字，夨爲西周畿內小國，陝西省寶雞市屢有夨國銅器出土，可知夨國地望可能在寶雞一帶。

一四九　鳳紋方鼎

西周早期
通高二二·八、口長一七·五厘米
一九二七年陝西寶雞戴家灣出土
寶雞市博物館藏

器體長方槽形，底稍收斂，柱足細長。四壁中間及轉角處有扉棱。主體紋飾爲垂尾式花冠鳳紋，僅口下有一條垂尾式長冠鳳紋。

一五〇　一五一　甲簋

西周早期
通高二九·八、口徑二二·五厘米
上海博物館藏

深腹，圈足下連鑄方座。兩耳獸角高聳過器口，獸首張口作吞噬一鳥狀，鳥頭僅存鈎喙，鳥體彎曲作耳的下部，鳥足及尾羽構成垂珥。器腹飾斜方格乳釘雷紋，乳釘長而尖銳。方座面上四角飾牛頭紋。除此而外，全器其餘部位均飾不同形式之鳳鳥紋。口沿及圈足飾長冠分尾式鳥紋，方座上沿飾長冠垂尾式鳥紋，下沿飾曲折角長卷尾的鳥紋，兩側是相背直立的鳥紋，各具形態。此器造型莊重沉穩，紋飾精麗華貴，是一件卓越的青銅鑄品。

一五二　魚形尊

西周晚期
通長二八、高一五厘米
一九八八年陝西寶雞茹家莊出土
寶雞市博物館藏

器形近似鯉魚，通體紋飾作魚鱗狀。蓋面飾魚形紋，有鰭形鈕及二圓環。四足爲雙手捧腹、屈膝呈背負狀的人形。造型頗爲生動。

一五三　鳳紋卣

西周早期
通高三五·五、寬二二·八厘米
一九二九年陝西寶雞鬥雞台出土
美國波士頓美術博物館藏

扁圓形器體，肩微斜，頸稍收，腹下垂，圈足下寬邊較高。蓋上捉手菌形，提梁置于縱向處。蓋頂與器身均縱橫四條寬扉棱，蓋兩端作獸頭狀，頸部聳出四條較長的歧頭飛脊。提梁兩端的獸首，聳立掌形雙角，梁上轉折處有兩個突起的牛首。通體紋飾單純，除蓋頂和頸部兩段爲直條紋外，由蓋緣至圈足分布五段寬窄不等、形態各异的鳳紋。如此造型複雜、裝飾華麗的卣，實屬罕見。美國華盛頓弗利爾美術館藏有同時同地出土的另一鳳紋卣，形制和紋飾與此相同，而體積較大，高五十點九厘米。

本圖由美國波士頓美術博物館供稿

一五四　伯方鼎

西周早期
通高二〇·三、口縱一二、口横一五厘米
陝西寶雞竹園溝四號墓出土
寶雞市博物館藏

器身爲長方槽形，立耳稍侈，方唇折沿，四隅和四壁中央有「F」形扉棱，下承鳥形扁足。四壁飾雷紋襯地的卷角獸面紋，長壁的獸面紋兩側又有倒立的龍紋。鳥形扁足，鈎喙，圓目，斂翅，翹尾，形態生動。內壁鑄銘文「伯作彝」三字。

一五五　伯鮨方鼎

西周中期
通高一四·五、口縱一〇·五、口横一四·八厘米
陝西寶雞茹家莊一號墓乙室出土
寶雞市博物館藏

器身爲橢方槽形，立耳稍侈，方唇折沿，深腹下垂，轉角圓潤，四柱足較短。頸部飾鳳紋與火紋相間的紋樣一周，其下又有一道弦紋。鳳紋長冠下垂，回首凝眸，長尾上卷。整體造型優美，爲商周之際方鼎的最晚形態。器內底鑄銘文二行六字：「伯鮨作旅尊鼎」。這種將銘文鑄在鼎的內底而不在內壁的作法，在西周銅器中較爲少見。

一五六　平蓋獸面紋鼎

西周早期
通高四〇·二、口徑三二厘米
一九八一年陝西寶雞紙坊頭一號墓出土
寶雞市博物館藏

蓋平扣于鼎口，正中有方形立耳狀捉手，周邊鑄三條扁體倒立狀龍形鈕。鼎口略呈桃圓形，立耳稍侈，方唇折沿，垂腹蹄足。蓋面周圍飾六組卷角獸面紋，三龍形鈕爲中心各一組，其間各一組。鼎身頸部亦飾形態相仿的六組獸面紋，各組均以短扉爲鼻梁。獸面紋下飾蕉葉形獸體紋一周。所有紋飾均以雷紋襯地。三足根部飾

扉棱高聳的獸面紋，其下有三道弦紋。鼎腹外底煙炱甚厚，表明其爲長期實用之器。

一五七　井姬鼎

西周中期

通高一五·五、口徑一三·五厘米

陝西寶雞茹家莊二號墓出土

寶雞市博物館藏

同墓出土形制相同的兩件，這是稍小的一件。蓋面微鼓，折沿明顯，上有三矩形支脚。鼎身子母口，厚唇，附耳，圓鼓腹，三柱足較短。蓋面周緣與鼎身頸部，均飾垂冠顧首龍紋。器內壁鑄銘文五行二十四字，表明此鼎係强伯爲井姬所作用器。

一五八、一五九、一六〇　𢐗伯簋

西周早期

通高三一、口徑二五厘米

一九八一年陝西寶雞紙坊頭一號墓出土

寶雞市博物館藏

侈口鼓腹，高圈足有寬邊，下連方座，兩耳有長方形垂珥。器腹飾卷角獸面紋，鼻梁處扉棱突起，兩側襯以顧首龍紋。圈足前後均飾相對的多齒龍紋。方座以四隅爲中軸，飾四組牛首，牛角翹立于外，獸面兩側襯以高冠顧首龍紋。兩耳爲惡虎噬牛形象，牛角高聳。通體紋飾均以雷紋襯地。整個器物的造型，顯得莊嚴威猛，頗具神秘色彩。器底鑄銘文二行六字：「𢐗伯作寶尊簋」。

一六一、一六二　獸面紋方座簋

西周早期

通高二五·九、口徑一九·七厘米

陝西寶雞竹園溝十三號墓出土

寶雞市博物館藏

圓侈口，深腹微鼓，兩耳有垂珥，高圈足有寬邊，下連方座。兩耳上部爲翹角獸形，下部爲鈎喙斂翅鳥形。全器以高浮雕獸面紋爲主紋，細密的雷紋爲地紋。簋身所飾卷角獸面紋，面目猙獰，形象凶猛。方座所飾獸面紋，獸角尖挑，鼻梁隆起。方座內懸掛一小銅**鈴**，係二次補鑄弦鈕掛**鈴**，奉簋時**鈴**聲叮噹，頗爲悅耳。

一六三、一六四　牛首飾四耳簋

西周早期

通高二三·八、口徑二六·八厘米

一九八一年陝西寶雞紙坊頭一號墓出土

寶雞市博物館藏

圓侈口，深腹，高圈足有寬邊，四耳下垂珥甚長。器身由頸至下腹，乳釘紋、直條紋、乳釘紋相間爲飾，圈足則飾卷尾拱背龍紋。四耳與簋身分鑄，其間有榫頭套合。耳部所飾牛首，頗具匠心，每耳連同垂珥上下有大小牛首六個，四耳共計二十四個，巧作裝點，別有神韻。通體典雅大方，堪稱精品。

一六五　火龍紋高圈足簋

西周早期

通高二二·八、口徑二〇·三厘米

一九八一年陝西寶雞紙坊頭一號墓出土

寶雞市博物館藏

圓侈口，直腹較淺，近底處圜收，圈足高于器腹甚多，獸首雙耳下垂珥長幾及地。頸部兩面中央有小獸首，再以火紋和龍紋相間排列。腹部飾七道橫條紋。圈足飾兩組對稱的巨形獸面，形象凶猛，下部寬邊較高。圈足內懸掛一小銅**鈴**。此簋造型奇异，別具一格，亦爲西周銅簋中的精品。

一六六　鏤空足鋪

西周中期

通高九、口徑一一·二厘米

陝西寶雞茹家莊一號墓乙室出土
寶雞市博物館藏

口微斂，假腹，盤淺而底圓，圈足較粗。腹壁有一周八枚乳釘紋，間以三角形鏤空。圈足有三角形和菱形鏤空。同墓共出四件，修復成形三件。

一六七　𢐗伯鎣

西周中期
通高二一·七、口徑一四·五厘米
陝西寶雞茹家莊一號墓乙室出土
寶雞市博物館藏

形體與盉相似。蓋面隆起，有圈形捉手。器身侈口，分襠柱足，管狀流，獸首形鋬。蓋鋬之間以鏈相連。蓋緣和器頸均飾斜角雷紋，腹與三足承接處飾三組大虎頭獸面，分襠處飾三組小虎頭。蓋內和器腹鑄相同的銘文二行六字：「𢐗伯自作盤鎣」，表明其爲與盤配合使用的水器。

一六八　𢐗季尊

西周中期
通高二二·一、口縱一九·一、口橫一九·五厘米
陝西寶雞竹園溝四號墓出土
寶雞市博物館藏

此尊造型奇异，紋飾獨特，堪稱西周青銅器中的珍品。器體斷面呈橢方形，侈口束頸，腹深且垂，下承四虎形扁足，腹側附一獸首形鋬。腹的中部飾顧龍紋和龍紋組成的寬帶，幷以雷紋襯地，上下又有弦紋。與鋬相對的另側的龍紋間，有一突起的牛首。器底鑄銘文二行六字：「𢐗季作寶旅彝」。

一六九　伯各尊

西周早期
通高二五·八、口徑二〇　七厘米
陝西寶雞竹園溝七號墓出土

寶雞市博物館藏

圓口外侈，方唇，腹部微鼓，圈足較高。通體有四條鋸齒狀扉棱。口沿下飾蕉葉狀倒立龍紋，其下有回顧式龍紋。腹部飾兩組形象威猛的獸面紋，圓目外突，卷曲的角翅出器表。圈足飾兩組相對的鳥紋，下部寬邊明顯。器底鑄銘文二行六字「伯各作寶尊彝」。

一七〇　鳥形尊

西周中期

通高二三·五、通長三一·二厘米

陝西寶雞茹家莊一號墓乙室出土

寶雞市博物館藏

鳥體豐滿，形象逼真。昂首鈎喙，凝目遠望，三足挺立，尾作長方形，兩側呈階梯狀。鳥身中空，背部開長方形孔。周身披鱗狀羽紋，尾部飾鎖鏈狀羽紋。同墓出土形態相同的兩件，較小的一件高十八厘米。另有更小的兩件形制基本相同的銅鳥，背部無長方形孔。

一七一　象形尊

西周中期

通高二三·六、通長三七·八厘米

陝西寶雞茹家莊一號墓乙室出土

寶雞市博物館藏

象體肥健，長鼻高揚，鼻頭外翻，圓目齜牙，短尾下垂，四足粗壯。象身中空，背部開長方形孔，有蓋扣合。蓋面飾四卷體蛇紋和二豎立圓環，以鏈將蓋與尊體連接。象身兩側的主體紋飾，均爲粗條陽線勾勒的兩組圓渦形卷體鳳紋圖案，其間又以雷紋襯地，并在空白處填相對的三角形幾何紋，紋飾布局頗爲精巧。

一七二　井姬貘形尊

西周中期

通高一八·六、通長三〇·八厘米

陝西寶雞茹家莊二號墓出土
寶雞市博物館藏

器體似馬來貘形。體態肥滿，大圓耳，兩目圓睜，長吻前伸，腹部微垂，四足較短。背部開方口，有帶立虎的蓋扣合。尾部有半環形鋬。兩耳、兩肩胛和兩後臂，均飾圓渦形卷屈獸體紋。蓋內鑄銘文二行八字：「𢐗伯匄井姬用盂鑵」。

一七三、一七四　伯各卣

西周早期
通梁高三三·六、口縱一〇·四、口橫一二·六厘米
陝西寶雞竹園溝七號墓出土
寶雞市博物館藏

同墓出土形制和紋飾基本相同的兩件，惟大小有別，這是較大的一件，全器風格與伯各尊一致。橢圓形器體，圓腹下垂，通體有四條鋸齒狀扉棱。提梁兩端爲卷角羊首，上部兩轉彎處飾牛首。蓋面和器腹飾卷角翹出的獸面紋，蓋緣和器頸飾回顧式龍紋。這都見于伯各尊，惟圈足紋飾有別，不飾鳥紋，而飾龍紋。

一七五　𢐗季卣

西周中期
通梁高二七·三、口縱一二·八、口橫一五·六厘米
陝西寶雞竹園溝四號墓出土
寶雞市博物館藏

此器風格與𢐗季尊一致。橢圓形器體，侈口束頸，腹深且垂，下承四虎形扁足。提梁兩端獸首似貘，卷耳長吻。蓋面隆起，有圈形捉手。蓋緣和器頸紋飾與𢐗季尊同，亦爲顧龍紋和龍紋組成的寬帶。蓋內和器底鑄相同的銘文二行六字：「𢐗季作寶旅彝」。

一七六　鳳紋筒形卣

西周早期
通梁高三三·三、口徑一二·四厘米

陝西寶雞竹園溝一三號墓出土
寶雞市博物館藏

器呈圓筒形。蓋頂隆起，有圈形捉手。提梁兩端作翹角獸首形，梁面有凹槽，內鑄三道凸棱。蓋面和器身紋飾，均以直條紋和垂冠卷尾鳳紋爲主體，兩種紋飾蓋面各一、器身各二周。鳳紋間又有突起的獸首，增添華麗氣氛。同墓出土形制和紋飾相同的兩件，另一件較小，通梁高二十七厘米。

一七七　火龍獸面紋罍

西周中期
通高一五·八、口徑六·四厘米
陝西寶雞茹家莊一號墓乙室出土
寶雞市博物館藏

器體較小，有蓋。蓋面高隆，有菌形鈕。器身侈口束頸，圓肩兩側有獸首銜環耳，腹壁斜收，高圈足。蓋面和肩部飾火龍相間紋飾，器腹飾獸面紋和三角形變體獸紋，下腹又有牛首形鈕。此罍造型小巧精緻，紋飾疏密得當。

一七八　男相人像

西周中期
通高一七·九厘米
陝西寶雞茹家莊一號墓出土
寶雞市博物館藏

男相立態。禿頂尖頜，顴骨突出，細眉大眼，寬鼻隆起，兩耳較大。身着長袍，遮及足踝，交領窄袖，腰束寬帶，前腹懸長條形「蔽厀」。雙臂舉至右肩，兩手握成圓環狀。衣下緣有方孔，似原有木座。出土時置于棺槨之間頭向處，或與祭祀、巫術活動有關。

一七九　女相人像

西周中期
通高一一·六厘米

陝西寶雞茹家莊二號墓出土

寶雞市博物館藏

女相半身。圓臉尖頜，顴骨突出，頭戴三叉形髮飾。身穿對襟袍服，寬袖窄口，雙手似有所握，作舞蹈狀。下部爲橢圓形銎口，背有釘孔，似原插木座之上。出土時亦置棺槨間頭向處，或與祭祀、巫術活動有關。

一八〇、一八一 人獸形軏飾

西周中期

通高一三厘米

陝西寶雞茹家莊一號車馬坑出土

寶雞市博物館藏

全形呈圓管狀，頂端封實，納輈端敞口。正面爲一束冠獸頭，圓目突起，隆鼻張口。背面蹲伏一人，此人平頂寬面，高鼻闊口，長髮披垂，身着短褲，腰束寬帶，背上紋身圖案爲兩回首小鹿。同坑出土形制相同的三件，大小稍有差別。

一八二 人頭銎鉞

西周早期

通長一四·三厘米

陝西寶雞竹園溝一三號墓出土

寶雞市博物館藏

鉞身略作長方形，刃面較寬。刃與直內之間，飾獸面、蟠蛇和虎頭。刃兩側飾對稱的回首立虎。銎的上端接人頭形籥，人頭方臉凹面，濃眉大眼，額梳劉海，後有髮辮。整個銅鉞製作精工，過去曾有同類器形出土。

一八三 ㄐ鼎

西周早期

通高二四、口縱一四、口橫一八厘米

一九六七年甘肅靈台白草坡一號墓出土

甘肅省博物館藏

器身長方槽形，四隅有扉棱，立耳稍侈，下承四柱足。四壁均飾雷紋爲地的牛

首紋，牛角突出器表。四足根部亦飾獸面紋。內壁鑄銘文「丩作尊」三字。（林　健）

一八四　壘鼎

西周早期
通高六〇、口徑四五·七厘米
一九七二年甘肅靈台洞山西周墓出土
甘肅省博物館藏

器身圓形，立耳稍侈，三蹄足半空。口沿下飾六組以短扉爲中心的獸面紋，均有雷紋襯地。三足根部亦飾獸面紋。內壁鑄銘文「壘」字。（林　健）

一八五　父丁角

西周早期
通高二三、兩尾相距八·五厘米
一九六七年甘肅靈台白草坡一號墓出土
甘肅省博物館藏

蓋有半環鈕。口部兩翼對稱，深腹圜底，牛首形鋬，三棱形錐足。蓋與器表飾相對的卷角龍紋，均以雷紋爲地。鋬內鑄銘文「𣡽父丁」三字。（李曉青）

一八六　徙遽𢈔盉

西周早期
通高二二厘米
一九六七年甘肅靈台白草坡一號墓出土
甘肅省博物館藏

蓋頂隆起，有半環鈕。口微侈，頸稍長，鼓腹，淺分襠，四柱足。管狀流。獸首形鋬。蓋與鋬間有鏈連接。除頸部飾目雷紋外，蓋飾獸面紋兩組，腹部飾獸面紋四組，均以雷紋襯底。蓋內鑄銘文二行六字：「徙遽𢈔作父己」。（林　健）

一八七　火龍紋盉

西周早期
通高二〇·五、口徑七·五厘米
蘭州市博物館藏

蓋頂隆起，圈形捉手細高。器口較大，頸部微束，垂腹，三棱形錐足。前有管狀流，後有龍首鋬。蓋與鋬間以梁連接。蓋頂和器頸，各有一道火紋與龍紋相間排列的紋飾。鋬下腹壁鑄銘文「尤有癸巳日」五字。

一八八　陵伯尊

西周早期
通高二五、口徑一九厘米
一九七二年甘肅靈台白草坡二號墓出土
甘肅省博物館藏

侈口，筒形腹微鼓，圈足較高。腹部飾兩道夾以弦紋的成對長冠卷尾鳳紋，兩道鳳紋的上下又各有兩道弦紋。器底鑄銘文二行六字：「陵伯作寶尊彝」。陵伯應是周初封至陵地統治蠻方异族的部族首領。（林　健）

一八九　父乙壺

西周早期
通高四一·五厘米
甘肅天水地區徵集
甘肅省博物館藏

橢圓形器體。蓋頂隆起，有圈形捉手。器身直口，頸微束，深腹稍鼓，有提梁，圈足與腹部間有對稱的環。蓋、頸和圈足，均飾變形獸面紋一周，其餘部位則光素無紋。提梁、蓋內和器底，鑄相同的銘文「[illegible]父丁」三字。（林　健）

一九〇　古父己卣

西周早期
通高三三・二、口徑一五・七厘米
上海博物館藏

器呈圓筒形，蓋及器腹飾大牛首紋，巨目凝視，雙角翹起，突出器表，神情威嚴，極富藝術魅力。頸與圈足飾龍紋，提梁亦飾龍紋。提梁兩端及轉折處各飾浮雕牛頭。器蓋同銘六字，記古氏爲父己作祭器。

一九一　父癸壺

西周早期
通高三九・五厘米
傳甘肅靈台出土
甘肅省博物館藏

器體斷面圓形。蓋頂隆起，有圈形捉手，折沿明顯。子母口，肩部有提梁，圓鼓腹，圈足。蓋與頸部均飾變體獸面紋，頸部所飾獸面紋下又有一周聯珠紋。下腹部有一半環。口沿鑄銘文「父癸」二字。

（林　健）

一九二　潶伯卣

西周早期
通高二九、口徑一二厘米
一九六七年甘肅靈台白草坡一號墓出土
甘肅省博物館藏

器呈圓筒形。蓋頂隆起，有圈形捉手。提梁兩端作羊首形，梁面飾龍紋。蓋緣和器身上下，均飾夾以弦紋的分尾龍紋，器身上部兩面的龍紋中央又有小獸首。蓋內和器底鑄相同的銘文二行六字：「潶伯作寶尊彝」。潶爲地名，當是因黑水（涇水支流，一作「潶水」）而得名。潶伯應是周初的封伯。

（張東輝）

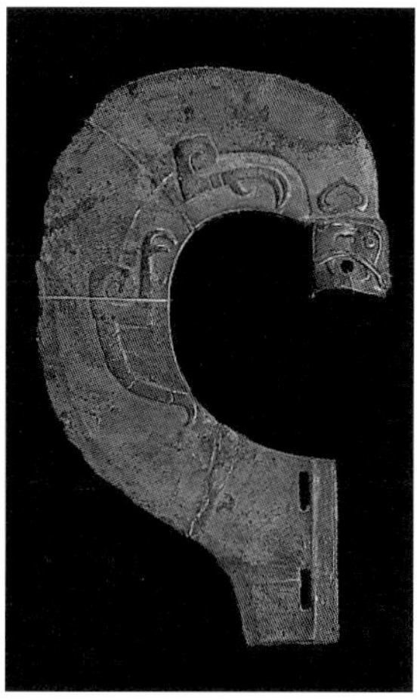

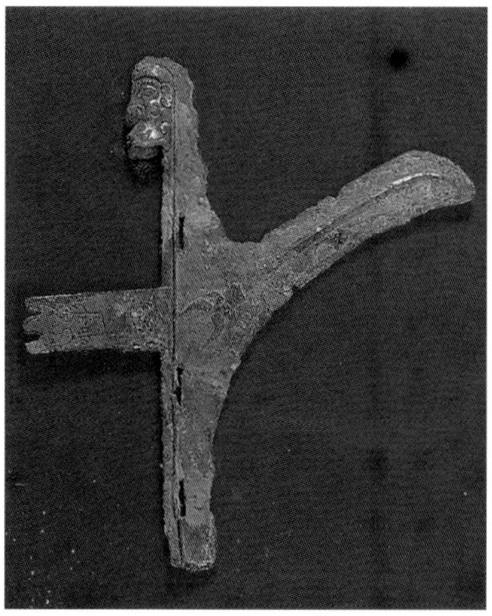

一九三　隱伯卣

西周早期
通高三二、口徑一三厘米
一九七二年甘肅靈台白草坡二號墓出土
甘肅省博物館藏

形制與潶伯卣基本一致。提梁兩端作牛首形，梁面飾相顧式兩頭龍紋。蓋緣和器身上下，均飾夾以弦紋的長冠卷尾鳳紋，器身上部兩面的鳳紋中央又有小獸首。蓋內和器底鑄相同的銘文二行六字：「隱伯作寶尊彝」。

（張東輝）

一九四　耳形虎含銎鉞

西周早期
通長二三·一，刃身寬七厘米
一九七二年甘肅靈台白草坡二號墓出土
甘肅省博物館藏

整體似半環耳形，上部彎曲的頂端有釘帽，其上有釘孔。帽作猛虎吞食狀，虎頭含銎，尾下端延長部分有短胡二穿。虎背爲利刃，構造新穎，頗爲罕見，似是殷商彎刀和周初康侯斤一類兵器的演變。與河南濬縣辛村所出一鉞（現藏美國華盛頓弗利爾美術館）形制相近，惟虎姿稍异。

（張東輝）

一九五　人頭銎戟

西周早期
通長二五·二厘米
一九七二年甘肅靈台白草坡二號墓出土
甘肅省博物館藏

人頭形刺刃，頷部有橢圓形銎，長胡三穿，援斜出如鉤，有脊棱。援基飾一牛首，方內三齒，陰刻牛頭形徽識。人頭濃眉巨目，寬鼻突吻，披髮卷鬢，頰上有「ω」形紋飾。造型奇特，風格神秘。人頭銎戟是戟的一個別支，也是此時出現的新品種，主要作用是啄、鉤、舂，刺的作用不明顯。

（張東輝）

一九六　鏤空蛇紋鞘短劍

西周早期
通長二三・五、鞘長一八・四厘米
一九七二年甘肅靈台白草坡二號墓出土
甘肅省博物館藏

鞘身鏤空成蟠蛇，身軀回環纏繞。蛇身上有簡單紋飾。鈍三角形蛇頭，雙目凸起。鞘口兩側各飾犀牛一隻。劍身上部鑄有一小塊目紋和幾何變形紋。此劍應爲佩飾之物，非實戰兵器。

（劉志華）

一九七　龍紋禁

西周早期
長一二六、寬四六・六、高二三厘米
一九二六年陝西寶雞鬥雞台出土
天津市歷史博物館藏

長方形台座，兩側有上下各八共十六個長方形孔，兩端有上下各二共四個長方形孔。四面邊框飾瘦長型尖角龍紋，兩側上下各有相對的四條，兩端上下各有相對的二條。台面邊框飾相顧式兩頭龍紋，兩側各四條，兩端各二條。台面中部有三個橢圓形中空突起的子口，用以嵌置大件酒器的圈足。至于當時所陳究爲何器，學者雖有種種推測，因同出器物久已流散，現已無法確定。

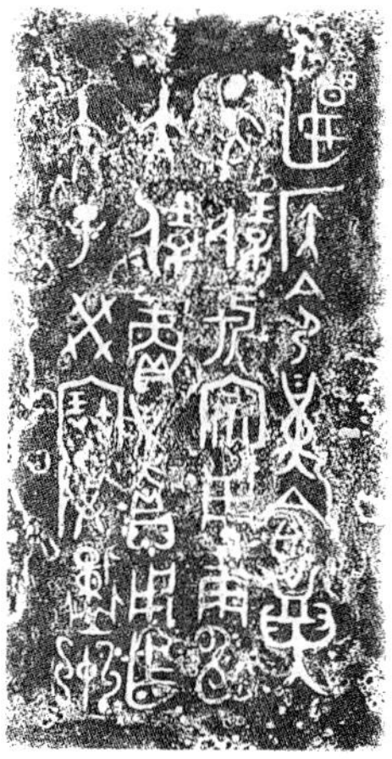
4

3

2

10

8

7

14

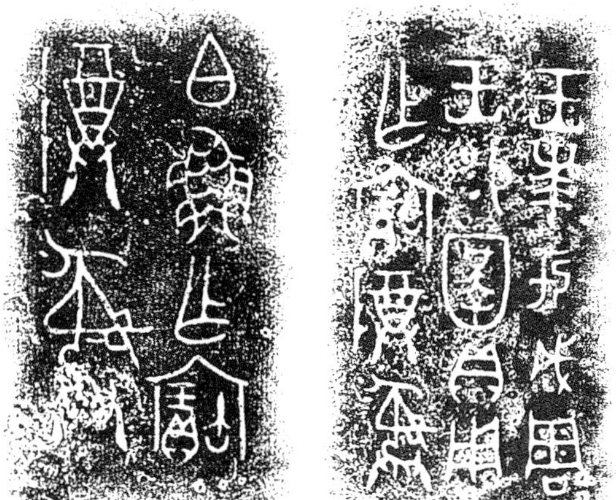
13

12

11

本書選錄青銅器銘文拓片

2.[illegible]方鼎　3.匽侯旨鼎　4.堇鼎　7.圉方鼎　8.伯矩鬲
10.圉甗　11.[illegible]簋　12.圉簋　13.圉簋　14.攸簋

28

21

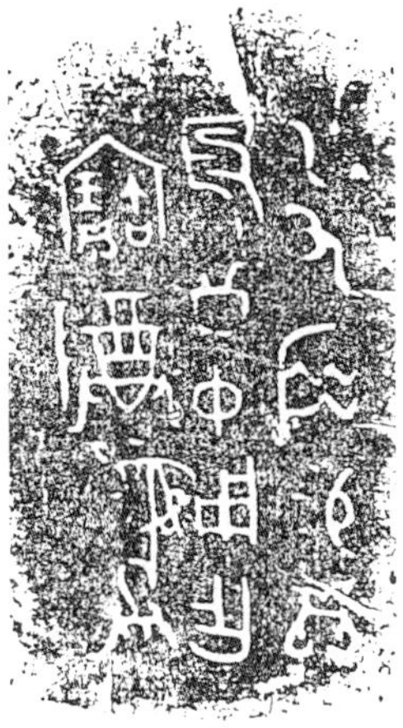
20

16

15

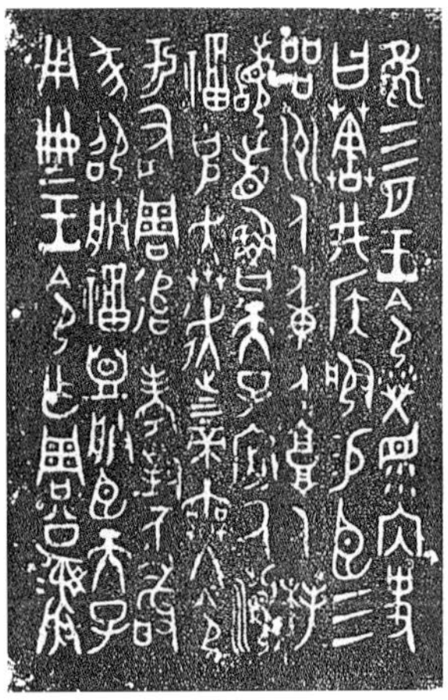
34

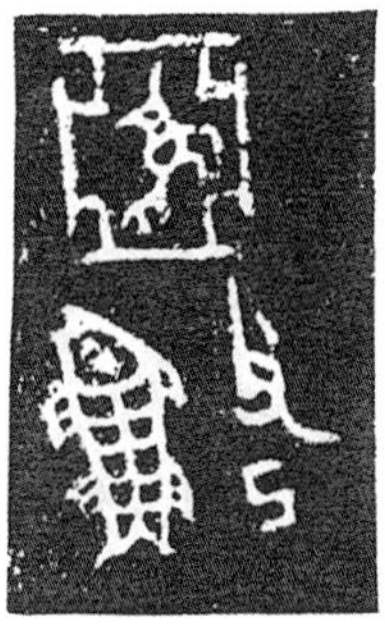
32

31

30

29

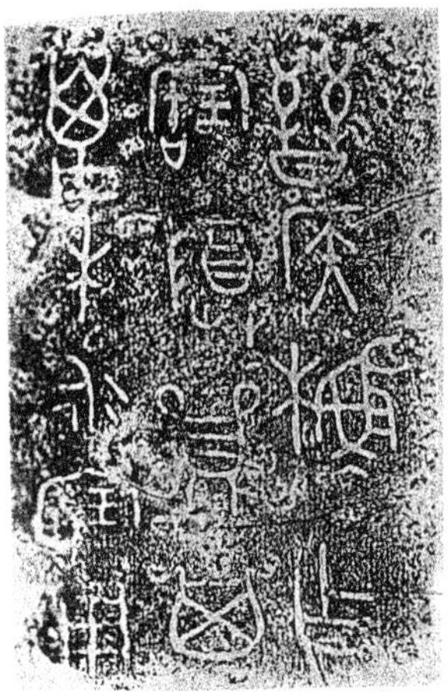
38

37

36

35

本書選錄青銅器銘文拓片

15.伯簋　16.匽侯盂　20.公仲觶　21.克盉　28.康侯丰方鼎
29.衛夫人鬲　30.康侯簋　31.渣伯逘壺　32.魚父己卣　34.邢侯簋
35.邢季㚟卣　36.成周鼎　37.𣄨鼎　38.晉侯鮴鼎

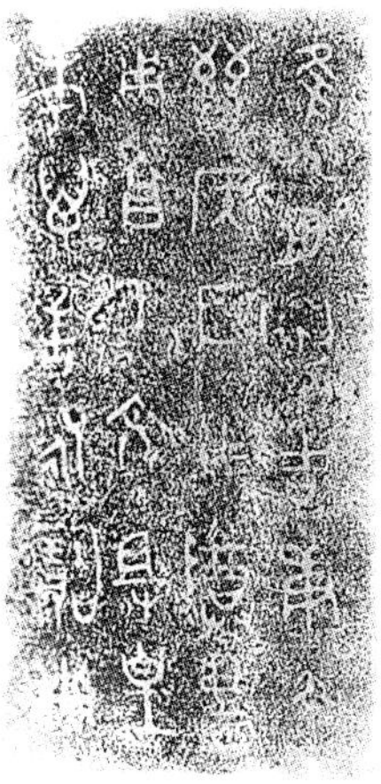
49

46

45

43

42

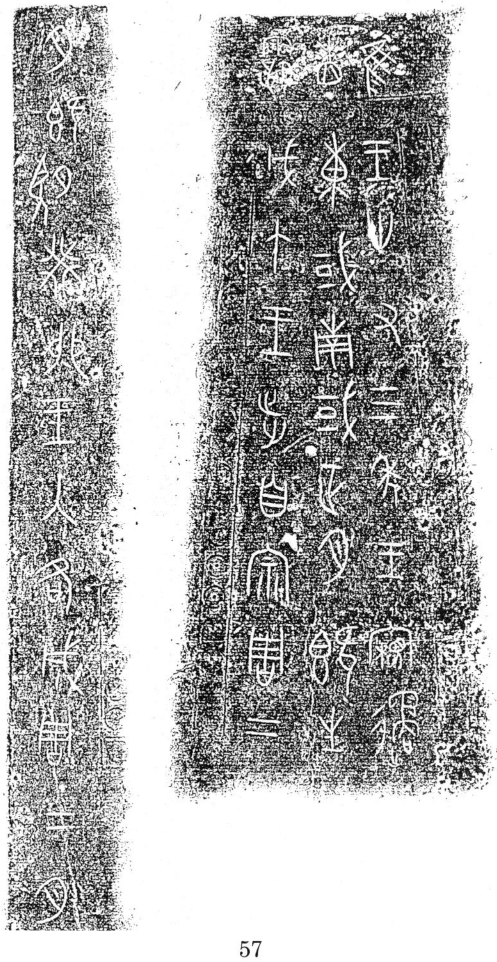
57

63

62

51

65

64

本書選錄青銅器銘文拓片

42.晉侯昕簋　43.叔氏簋　45.晉侯䵼盨　46.晉侯䵼盨

49.晉侯昕壺　51.楊姞壺　57.晉侯鮇鐘　62.筍侯盤

63.筍侯匜　64.魯侯熙鬲　65.魯宰駟父鬲

66

67

68

69

71

72

73

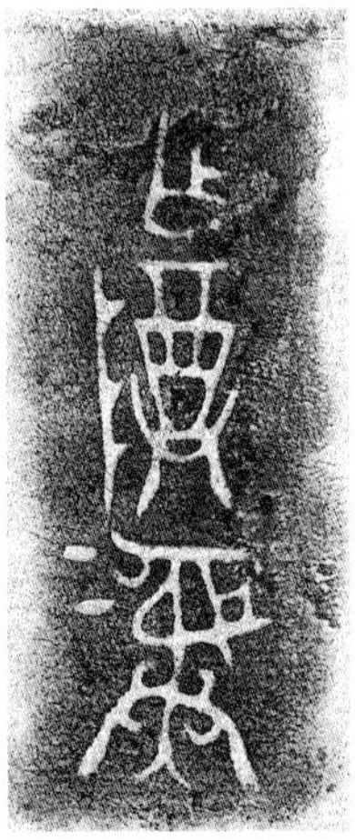
75

74

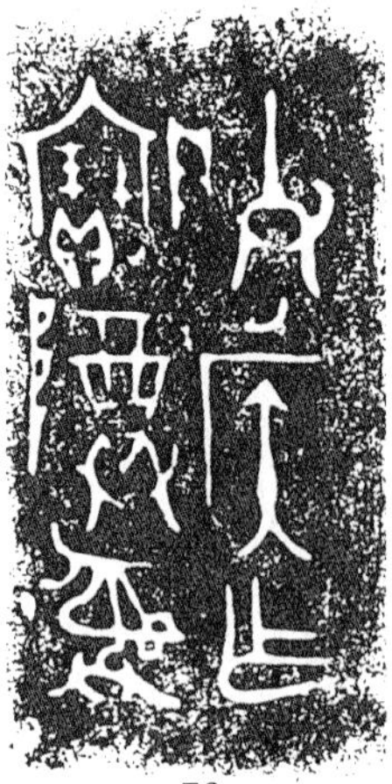
76

77

78

本書選錄青銅器銘文拓片

66.魯仲齊甗　67.魯伯大父簋　68.魯伯悆盨
69.侯母壺　71.魯侯尊　72.魯司徒仲齊盤
73.魯司徒仲齊匜　74.郳伯鬲　75.百乳龍紋方鼎
76.滕侯方鼎　77.滕公鬲　78.滕侯簋

83

82

79

86

84

90

89

88

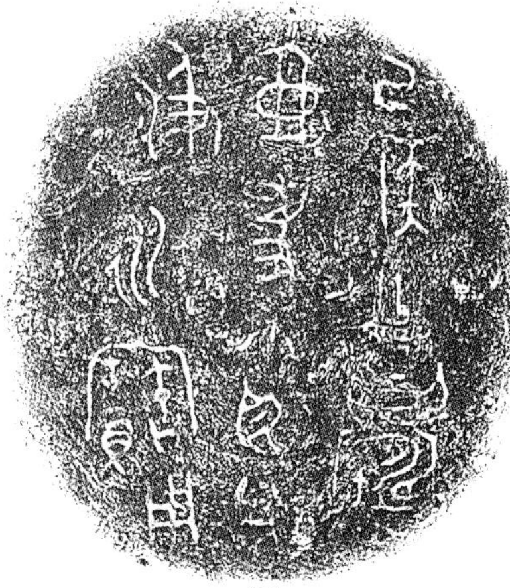

87

本書選錄青銅器銘文拓片

79.不䡃簋　82.齊仲簋　83.齊叔姬盤　84.齊侯匜
86.紀侯簋　87.紀侯壺　88.㠱仲壺　89.啓尊　90.啓卣

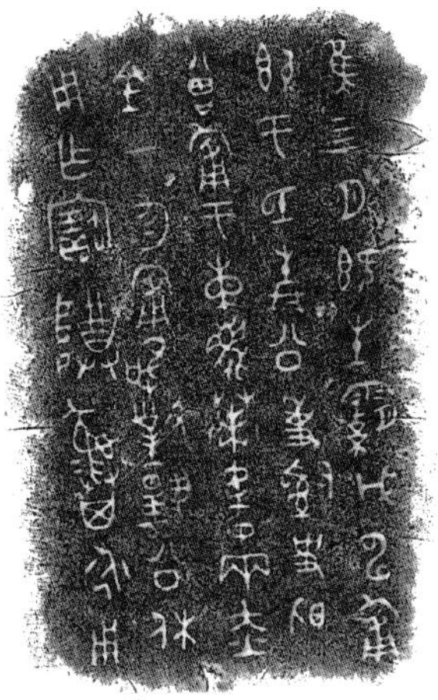
94

93

92

91

98

96

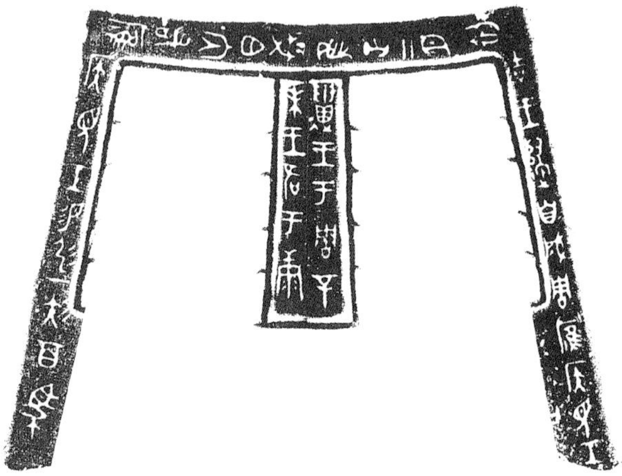
95

104

101

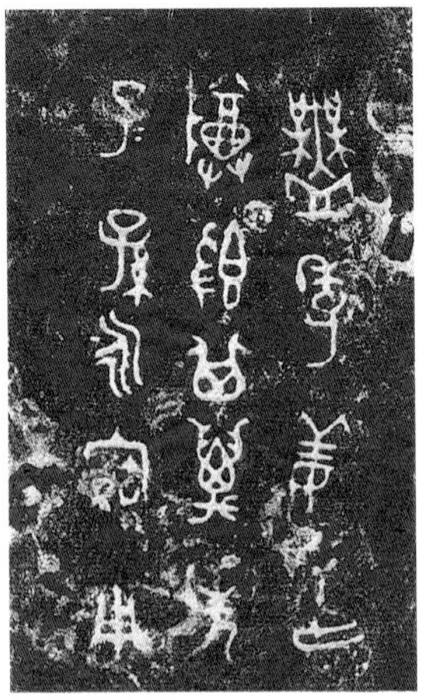
100

本書選錄青銅器銘文拓片

91.𥫅小子簋　92.應監甗　93.敔簋　94.鴨形盉
95.應侯見工鐘　96.陳侯簋　98.陳侯壺　100.許季姜簋
101.晨肇宁角　104.向壺

109

108

107

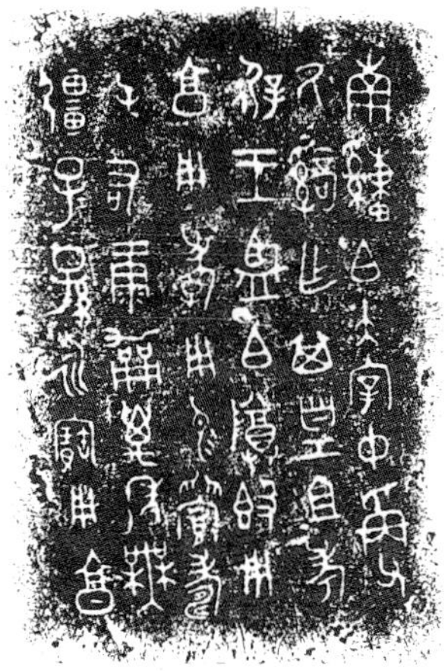
106

105

113

112

110

119

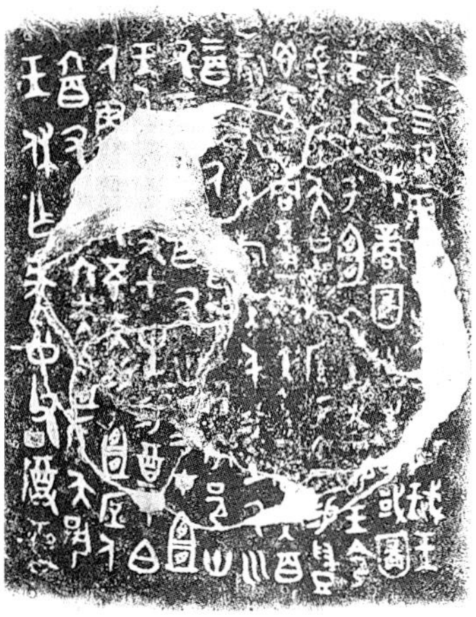
118

115

114

本書選錄青銅器銘文拓片

105.吕王鬲　106.仲爯父簋　107.鄂叔簋　108.鄂侯弟曆季卣
109.鄂侯弟曆季尊　110.曾伯文鐳　112.楚公豪鐘　113.北子冉鼎
114.小臣尊　115.小臣卣　118.宜侯夨簋　119.公卣

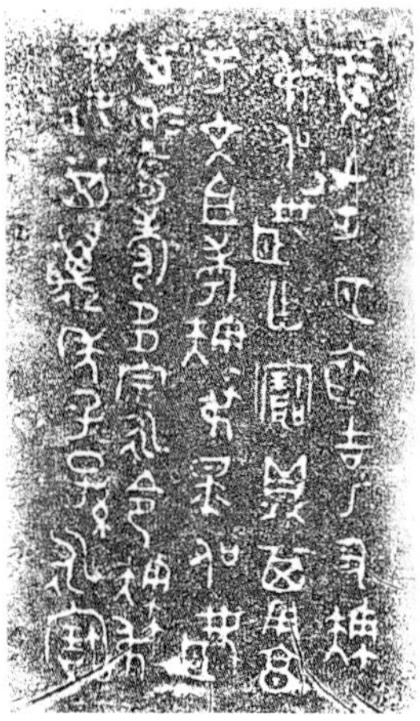

126

125

124

121

134

131

130

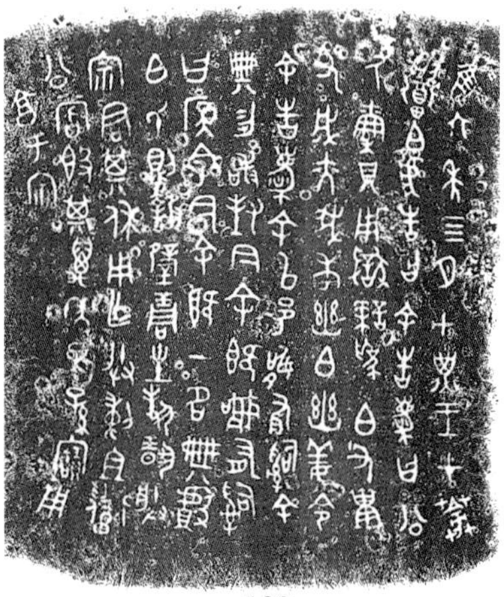

129

141

140

139

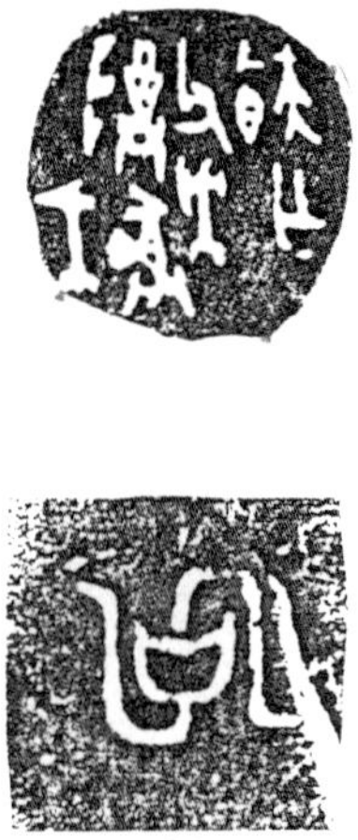

136

本書選錄青銅器銘文拓片

121.芮公鼎　124.旟鼎　125.師眉鼎　126.𣪘叔鼎
129.六年琱生簋　130.弭叔師求簋　131.康生豆　134.戈五卣
136.鈇卣　139.宗仲盤　140.虢文公子𣪕鼎　141.虢宣公子白鼎

144

143

147

146

142

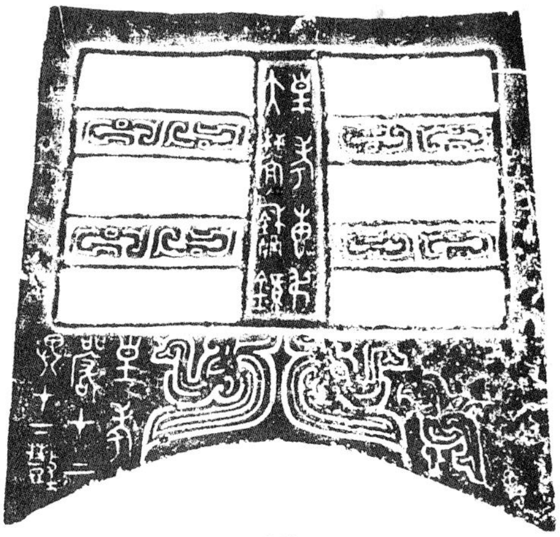

145

本書選錄青銅器銘文拓片

142.虢叔盂　143.虢季子白盤　144.虢叔旅鐘
145.虢叔旅鐘　146.散伯簋　147.散伯匜

158

157

155

154

148

173

172

169

168

167

185

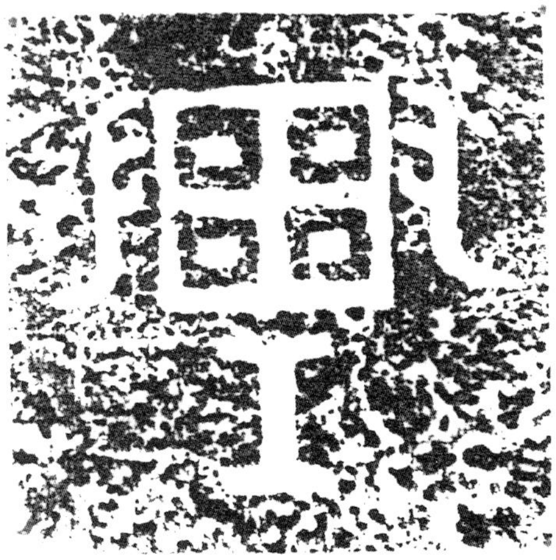
184

183

175

本書選錄青銅器銘文拓片

148.夨王壺　154.伯方鼎　155.伯𩰫方鼎
157.井姬鼎　158.𢐗伯簋　167.𢐗伯鎣
168.𢐗季尊　169.伯各尊　172.井姬貘形尊
173.伯各卣　175.𢐗季卣　183.丩鼎
184.𪓐鼎　185.父丁角

193

192

190

188

186

本書選錄青銅器銘文拓片

186.徙遽廙盉　188.陵伯尊　190.古父己卣
192.潶伯卣　193.陵伯卣

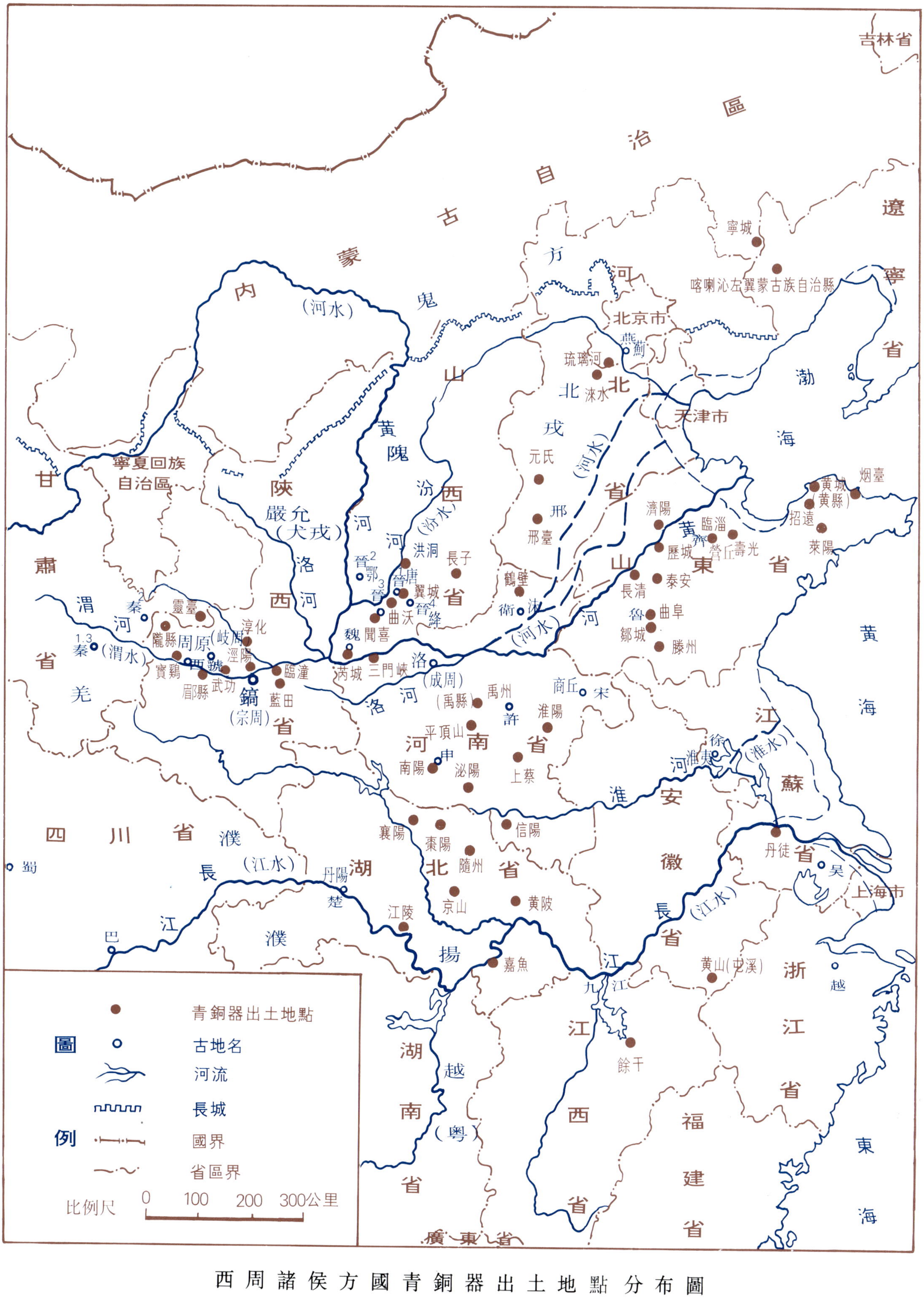

西周諸侯方國青銅器出土地點分布圖

本書編輯拍攝工作，承蒙以下各單位
予以協助和支持，謹此致謝。

中國歷史博物館
中國社會科學院考古研究所
故宮博物院
首都博物館
北京市文物研究所
北京大學賽克勒考古藝術博物館
北京頤和園管理處
上海博物館
天津歷史博物館
遼寧省博物館
遼寧省旅順博物館
內蒙古自治區赤峰市博物館
山西省博物館
山西省考古研究所
陝西省博物館
陝西省寶雞市博物館
陝西省藍田縣文物管理所
陝西省淳化縣文物管理所
甘肅省博物館
甘肅省蘭州市博物館
河南省博物館
河南省文物考古研究所
河南省信陽地區文物管理委員會
河南省南陽市博物館
山東省博物館
山東省文物考古研究所
山東省滕州市博物館
山東省鄒城市博物館
山東省煙台市博物館
山東省曲阜市文物管理委員會
湖北省博物館
湖北省荊州地區博物館
湖北襄樊市博物館
南京博物院
江蘇省南京市博物館
江西省博物館
安徽省博物館
台北故宮博物院
日本泉屋博古館
日本出光美術館
日本根津美術館
美國大都會藝術博物館
美國波士頓美術博物館
英國不列顛博物館
所有給予支持的單位和人士

責任編輯 張囤生
再版編輯 李　紅
封面設計 仇德虎
版面設計 張囤生
攝　　影 劉小放 王　露 郝勤建 樊申炎 李　凡
圖版說明 周　亞 辛愛罡 王世民
插圖製作 馬懷民 劉凱軍
地圖繪製 邱富科
責任印製 陳　傑
責任校對 周蘭英

圖書在版編目（CIP）數據

中國青銅器全集.6，西周.2／《中國青銅器全集》編輯委員會編.—北京：文物出版社，1997.9
（2018.7重印）
（中國美術分類全集）
ISBN 978-7-5010-0939-8

Ⅰ.①中…　Ⅱ.①中…　Ⅲ.①青銅器（考古）-中國-西周時代-圖集　Ⅳ.①K876.412

中國版本圖書館CIP數據核字（2012）第304244號

中國美術分類全集
中國青銅器全集
第6卷　西周　2
中國青銅器全集編輯委員會編
出版發行者　文物出版社
（北京東直門內北小街二號樓）
http://www.wenwu.com
E-mail:web@wenwu.com
責任編輯　张囤生
再版編輯　郭維富　谷　雨
製版者　蛇口以琳彩印製版有限公司
印刷裝訂者　中國鐵道出版社印刷廠
經銷者　新　華　書　店
一九九七年九月第一版
二〇一八年七月第四次印刷
書號　ISBN 978-7-5010-0939-8
定價　三五〇圓